湛庐 CHEERS

与最聪明的人共同进化

HERE COMES EVERYBODY

如何用提问解决问题

[英]沃伦·贝格尔
Warren Berger 著

史建明 史晗琪 译

The Book of Beautiful Questions

天津出版传媒集团

天津科学技术出版社

上架指导：经济管理 / 创新思维

The Book of Beautiful Questions
Copyright©Warren Berger, 2018
This Translation of **THE BOOK OF BEAUTIFUL QUESTIONS, 2022** is published by **Cheers Publishing Company** by arrangement with Bloomsbury Publishing Inc.
All rights reserved.

本书由 Bloomsbury Publishing Plc. 授权在中华人民共和国境内独家出版发行。未经出版者书面许可，不得以任何方式抄袭、复制或节录本书中的任何部分。

天津市版权登记号：图字 02-2022-020 号

图书在版编目(CIP)数据

如何用提问解决问题 /（英）沃伦·贝格尔著；史建明，史晗琪译 . -- 天津：天津科学技术出版社，2022.10
书名原文：The Book of Beautiful Questions
ISBN 978-7-5742-0508-6

Ⅰ. ①如… Ⅱ. ①沃… ②史… ③史… Ⅲ . ①工作方法 Ⅳ . ① B026

中国版本图书馆 CIP 数据核字（2022）第 167558 号

如何用提问解决问题
RUHE YONG TIWEN JIEJUE WENTI
责任编辑：房　芳
责任印制：兰　毅

出　　版：	天津出版传媒集团
	天津科学技术出版社
地　　址：	天津市西康路 35 号
邮　　编：	300051
电　　话：	（022）23332397（编辑部）
网　　址：	www.tjkjcbs.com.cn
发　　行：	新华书店经销
印　　刷：	唐山富达印务有限公司

开本 710×965　1/16　印张 17.5　插页 1　字数 226 000
2022年10月第1版第1次印刷
定价：89.90元

版权所有，侵权必究
本书法律顾问　北京市盈科律师事务所　崔爽律师

推荐序

未来，属于提问，而非给予答案！

关苏哲
新关点创始人
伟事达总裁教练，标杆企业高管团队教练
《有效提问30讲》课程研发者

提问驱动思考，答案终止想象。很高兴，湛庐为大家带来了"提问"领域的好书。

凯文·凯利（Kevin Kelly）曾在他的一场知名演讲中提到了未来发展的12大趋势，其中第11个趋势就是提问。在今天，想要找到一个答案很容易，你可以随时上网搜索。但好问题比完美的答案更有意义，也更有价值，好问题才能激发创新。通过正确提问，能有效发现和解决问题，促进产品、服务和组织运营等方面的创新和突破，和谐团队关系，提升沟通效率，最终增强企业竞争力。

不过，在中国目前的管理学市场上，鲜有学校和培训机构把加强提问能力作为最重要的技能去普及。大家还未能充分利用提问。所以我们经常看到以下现象：

- 遭遇重大困惑，无法洞察问题本质，难以提升决策效率；
- 思维循规蹈矩，墨守成规，由于缺乏创新能力，错失了一个个发展机遇；
- 工作中亲力亲为，直接给下属答案，结果下属成长缓慢，自己变得身心疲惫；
- 日常沟通充满批判指责，同事关系紧张，士气低落；
- 团队会议效率低下，不是七嘴八舌，就是沉默寡言。

殊不知，产生以上这些"症状"，很大程度是由于我们缺乏提问领导力，而要发现和解决问题，你必须先提出正确的问题。

作为伟事达总裁教练和标杆企业高管团队教练，我的核心工作之一，就是帮助 CEO 和管理团队提升提问能力，分别通过企业家私董会和企业内部高管圆桌会形式，主持企业重大核心会议，如战略研讨会、客户洞察会议、业务增长会议、高效团队塑造会议等，平日也对管理者做 1 对 1 的教练会议辅导。这些会议的大部分时间，就是通过强有力的提问，帮助与会者洞察问题背后的本质问题，进而科学决策，提升领导力。我们经常围绕同一个话题，激发与会者的不同观点，不仅如此，我鼓励每个与会者在表达自己观点后真诚提问，请教其他人的看法，而非终止对话。

为了让更多人感悟到提问的重要性以及学会提问,我在 2019 年推出了《有效提问 30 讲》在线课程。我当时浏览了近 20 本中外提问领域的书籍,沃伦·贝格尔的《如何提出一个好问题》让我爱不释手,书中的案例非常生动,整本书详述了如何用提问激发创新,给我带来了很大的启发。

沃伦·贝格尔分享的 3 个创新问题,分别是 Why、What if 和 How,也就是"为什么""如果……会怎样"以及"如何"。用苹果手机举例,3 个问题就分别是:

- 为什么手机只能打电话?
- 如果手机能够把 MP3、电子书、影碟机、打电话结合起来会如何?
- 怎么样才能设计和生产出这样的手机?

这 3 个问题结合起来最终促成了一个伟大的创新品牌。这 3 个问题也分别代表了创新的 3 个重要作用:激发洞察力、放飞想象力和强化执行力。

其实,不仅是苹果手机的发明,像宝丽来和迪士尼的诞生,以及像奈飞和爱彼迎这样的行业翘楚问世,其背后原理都可以追溯到创新提问,这些"好的提问"改变了传统思维,开创了新的可能,最终重新定义了整个行业。

创新，必须敢于打破常规，质疑行规。

激发洞察力，对传统经验提出质疑，问"为什么"并不是"找茬"，它体现的是创新最重要的本质——批判性思维。工作中同事们的观点只是一个个不成熟的假设，并不一定是事实，所以我们通过问"为什么"去验证假设是否合理。换个角度看，提出质疑其实就是一种认真负责的"打破砂锅问到底"的创新精神。

放飞想象力需要激发我们的右脑思维，"如果……会怎样"这个提问就自然会催生"链接"，想象力需要我们的思考不受约束，需要我们异想天开，从而把各种看起来不相关的事物综合起来考虑。这样，我们就可以把不可能变为可能，让我们见所未见，从而激发创新。

提出漂亮的"为什么"和"如果"，需要梦想；而提出"怎么样"则需要实干精神。实干精神能够帮助我们的想法逐渐成形，并最终落实为行动。如果你提问时，在"怎么样"前面加上"我们"，后面加上"可能"则更棒！ 因为，"怎么样"的提问是假定了解决方案的存在，而在"怎么样"后面加上"可能"，就意味着你将会有更好的反思，因为你提出的想法有可能行，也有可能不行。而"我们"则代表要把"你""我""他"各自的想法变成团队的一致想法。

除了激发产品服务创新，职场上常用的提问场景无处不在：比如召开高效决策会议、破解工作难题、上下级有效沟通、塑造良好组织文化氛围等。沃伦·贝格尔新撰写的《如何用提问解决问题》，给我们展示了如何用提问来决策，来沟通、管理团队。

推荐序　未来，属于提问，而非给予答案！

不少管理者一遇到问题，往往立即提出解决方案，"头疼医头，脚疼医脚"，但这恰恰是解决问题的大忌。问题无法解决的核心原因是你无法发现问题，而提问正是发现问题的金钥匙。优秀的领导者遇到问题，首先是利用提问洞察问题背后的本质问题。这些年我主持的企业决策会议都严格按决策流程来破解工作难题，整个会议有超过 50% 的时间是与会者彼此提问。通过清晰表达问题、明确问题重要性、运用开放式问题技巧、问题根因探究以及用半小时就能提出 100 个问题的"问题爆炸法"激发团队头脑风暴等方法，让团队成员迅速达成决策共识。

提问也能让你成为更好的领导，在 VUCA 时代[①]，靠强势的管理者打天下的日子已经过去了。不会提问而直接给予下属答案的管理者，不仅自己身心疲惫、无法解决问题，还会制约团队的成长。不会提问，也会潜移默化地助长团队成员的惰性。提升领导力的最佳方法之一就是多提问，方法之二是鼓励他人提问。当我们学习提问并真正提出好问题时，这些提问就会让我们个人、团队和组织都焕然一新。

杰克·韦尔奇（Jack Welch）在其著作《赢：韦尔奇一生的管理智慧》中也曾指出，领导者必须真正成为提出最多、最好问题的人。领导者和管理者的主要区别在于，领导者善于提出问题，而管理者则聚焦于回答所提出的问题。事实上，提问能力是具有创新意识的商业领袖取得成功的一个关键因素，是衡量领导力的一个重要标准。

提问看似简单，其实是一种高级的元认知思维，它能够引导人们去

[①] VUCA 是 volatility（易变性）、uncertainty（不确定性），complexity（复杂性），ambiguity（模糊性）的缩写。VUCA 时代指乌卡时代。——编者注

推理。可以说,提问是解决几乎所有复杂问题的核心。虽然市场上有一些以提问为主题的书籍,但真正聚焦创新提问和决策提问的书籍寥寥。期待沃伦·贝格尔的"提问书"能帮你把握住未来发展的趋势。

你是否会用提问解决问题？

扫码鉴别正版图书
获取您的专属福利

扫码获取全部测试题及答案，
一起了解你是否会用
提问解决问题

- 如果你作为领导，在与员工沟通项目进展时，更有针对性的问法是：（ ）

  A. 项目进展得如何了

  B. 项目进展得还顺利吗

  C. 对于项目进展出现的问题，你认为是谁的错

  D. 对于这个项目，你认为最大的挑战是什么

- 在询问员工面临的挑战时，以下哪种问法最不适宜？（ ）

  A. 你在工作之余的兴趣爱好是什么

  B. 你工作之余会做什么来安排自己的学习和成长

  C. 你有什么激情和梦想

  D. 今天的工作任务完成了吗

- 以下哪种做法不利于集中注意力？（ ）

  A. 包括为每个社交媒体账户和你的 iPhone 创建不同的长密码

  B. 关闭所有通知

  C. 禁用 Facebook 新闻订阅

  D. 每 5 分钟检查一次手机新消息

扫描左侧二维码查看本书更多测试题

目录

| 前　言　我们为什么提问 | 001 |

01 决策问题清单　　023

做决策时，我为什么应该问问题	025
我为什么相信我所相信的？如果我错了，怎么办	031
我的思考方式像士兵还是侦察兵	034
为什么我要对别人说的话照单全收	038
我的批判性思维隐藏着某种目的吗	041
如果这不是一个"是或否"的决定怎么办	042
局外人会怎么做	045
如果我知道我不会失败，我会尝试什么	049
如何靠提问克服恐惧	050
"未来的我"会怎样决定	056
哪种选择能让我精进	058

| 我以后该怎样向其他人解释这个决定 | 060 |
| 我的使命是什么 | 063 |

02　创新问题清单　　071

我们为什么要创造	073
我的创造力去哪儿了	078
如果我主动搜寻问题会怎样	081
这个世界缺失了什么	087
为什么这是我的问题	091
我可以在哪里创新	096
我的创新黄金时段是什么时候	099
我能创造出我能创造的东西吗	105
如果我允许自己不受地点限制随时开始会怎么样	108
我如何脱离"卡住"的困境	110
我准备好公开了吗	112
我想要完成还是完善	114
我该如何保持灵感	118

03　沟通问题清单　　125

| 为什么要与他人建立连接 | 127 |

如果我们问比"你好吗"更进一步的问题会怎么样　132

我如何才能全身心地倾听　138

如果我少提建议多提问题会怎么样呢　146

我会因为批评而感到内疚吗　150

如果我用好奇心代替判断会怎么样呢　152

为什么我会站在分歧的这一边　156

我们如何才能形成更亲密的关系　162

关系恶化时该怎样挽救　166

怎样"向上提问"更合适　168

为什么管理者很难"向下提问"　171

如果我们把销售话术变成"提问话术"会怎样　175

04 管理问题清单　179

为什么要做提问型领导者　181

我为什么要选择做领导　187

我有信心保持谦逊吗　192

为了做领导我为什么必须往后退　196

我的原则是什么　198

我该在什么事情上采取大动作　204

我们怎么做会让公司停摆　208

我能帮什么忙吗　213

我怎样才能确保对话是关于员工的需求和利益的	217
我为什么要鼓励大家多提问	223
我们如何使提问变得更高效	226

结　语　提问，用问题解决你的问题　　235

前言

我们为什么提问

我是个提问学家。

你可能会问:"真的有这种职业吗?"几年前,我也问过自己同样的问题。然后我做了一些研究,发现了数百种不同类型的"学家",从研究蜱和螨的蜱螨学家到动物学家,不一而足。但在"Q"开头的英文单词中,我找不到"Questionologist"(提问学家)的词条,于是我想:为什么没有呢?对提问的研究难道不是与对蜱和螨的研究一样有价值吗?

接着,我的问题就从"为什么没有呢"变成了"如果这样做了会怎样",比如:如果我声称自己是一名提问学家会怎样?我在《纽约时报》上就是这样介绍自己的,令我惊讶的是,并没有人质疑。

从那以后，当我参观企业（包括许多世界500强企业）、政府机构（如美国国家航空航天局）及从小学到大学的学校时，我就一直用提问学家来介绍自己。我应邀参加各种各样的集会，参加者有农民、会计、艺术家、科学家、士兵、政治家、好莱坞经纪人、制药公司高管和学校教师。似乎，对提问的兴趣跨越了所有界限。

而且这理当如此。当我们在工作或生活中遇到困难时，只要花时间和精力提出问题，大都可以帮助我们做出更好的决策，采取更富有成效的行动。但所提出的问题必须是正确的，能切中复杂问题的要害或能够让我们从全新的角度看待旧难题。

《如何用提问解决问题》包含200多个这样的问题，涵盖了从重新规划职业生涯到加强人际关系等日常情况。本书是关于如何在适当的时间提出深思熟虑的问题，以便在重要的时候做出最佳选择的。本书的目标读者有思想者、创造者、问题解决者和决策者。

虽然世上有很多"答案"之书可供选择，其中一些宣称"这是解决问题的四个步骤，你可以通过这四个单词的首字母缩写词来记住它"，但是本书背后隐藏的哲学是不同的。我建议，我们必须找到自己的解决方案来应对在工作和个人生活中面临的复杂的、具体的挑战，而且我们有一个与生俱来的工具可以帮助我们思考和开辟通向成功的路，这个工具就是提问能力。

我第一次意识到提问的价值是在几年前，那时我还是一名报社记者。对于我和大多数记者来说，一个好的、有针对性的问题堪比一把铲子，可以帮助我们挖掘和揭示故事的真相。这些年来，我倾向于把一个问题看作为了从别人身上提取信息而问他们的内容,我相信律师、民意调查专家、精神病医生及其他"专业提问者"也会这样定义提问。

作为一名记者,我的工作使我能够接触发明家、企业家、商业领袖、艺术家和科学家,他们常是我写作的主题。我发现,这些人使用提问这个工具时会有不同的倾向性,他们的问题往往是直指内心的。他们在试图解决一个问题或创造一些作品的过程中,很可能会先问自己一些问题:为什么存在这样的问题或情况?哪些是潜在的诱因?哪些更大的问题在起作用?应对这次挑战有没有什么有趣的新方法呢?

这样的提问有助于引导这些富有创造力的思考者产生独特的想法,提出有效的解决方案,而这一观察为我创作上一本书《如何提出一个好问题》[①]打下了基础。这些观察证明了提问是创新的起点。在那本书中,我向读者展示了一种现象,从即时相机到手机的发明,再到奈飞和爱彼迎这样的创新企业,都可以追溯到一个好问题,一个改变了当前思维、开创了新可能、最终实现突破的问题。

那本书出版后,我在接受新闻采访、发表演讲、与读者交流时发现,虽然很多人都同意那本书的论点及其秉持的"去问更多问题"的观点,但是他们似乎还渴望有更具针对性的和更具体化的东西。人们想知道,他们应该就自己可能面临的特定问题或他们追求的目标提出哪些问题。

---

① 《如何提出一个好问题》是本书的姊妹篇,生活和工作中总是会出现让我们措手不及的事情,或使我们的事业陷入困境,或使我们的身心受到伤害。不管你的人生或工作正面临着什么样的挑战,沃伦·贝格尔告诉我们,能提出一个"好问题"非常重要,也是非常幸运的。这本书的中文简体字版已由湛庐引进,天津科学技术出版社于2022年出版。——编者注

例如，当我与商业领袖交谈时，他们往往对有助于公司运营的问题更感兴趣，而那些参加创意聚会的人则希望知道如何通过提问激发灵感。同样，对于那些寻求改善人际关系的人或那些纠结是接受一份工作还是追求新的热情的人，他们也在寻找可以帮助他们做出更好选择或在特定情况下得到最佳结果的问题。

因此，在本书中，我重点分享了可应用于日常情况的有用的问题和提问策略。这些问题来源广泛，涉及企业家、生活教练、幼儿园教师、认知行为治疗师、首席执行官、心理学教授、神经学家、FBI反情报特工、畅销小说家、风险投资家、即兴表演家、普利策奖获得者，诺贝尔奖获得者、美国海军军官、人质谈判专家、风险管理专家等。我试图从不同的角度探讨如何在不同的情况下提问。本书中一些问题的提出者已经去世，但这些问题依然留存于世。这些问题中的一部分在《如何提出一个好问题》中提到过，在本书中我对它们进行了扩展，并将它们放在了一个更具体的场景中。

很多问题是我自己想出来的，还有一些是在他人的协助下构建的。在很多情况下，我都会采用逆向工程思维。例如，当我发现决策过程中的一个常见问题或陷阱时，我面对的挑战就是构建一个或一系列问题，未来，这些问题可能会帮助人们在做决策时避免这种陷阱。

构建问题的成果是一个清单，清单上全是好问题。那是什么使这些问题成为"好问题"的呢？对我来说，任何能让人们改变想法的问题都是好问题。这些问题旨在提醒你放慢脚步、勤于思考、开阔视野，克服偏见和创作中的障碍及不良情绪反应。在关键时刻，当你试图做如下事情时，提问可以引导你走向正确的方向：

前言　我们为什么提问

1. 决定一件事情。

2. 创造一样东西。

3. 与他人建立联系。

4. 成为一个优秀、高效的领导者。

这也是本书的四大主题。在我与读者或听众的谈话中，这4个方面也是被提及最多的，这似乎是大多数人的所思所想。

提问会助推决策、创造、沟通、管理吗？

在这4个重要领域中，提问起核心作用。决策（至少是好的决策）需要批判性思维，而批判性思维的根源在于提问。有人认为，批判性思维如今正处于危机中，一个典型的现象是越来越多的人无法将真新闻与假新闻区分开来。我们可以责怪大众媒体、社交媒体或政客，但最终，每个人都有责任去解决问题，使自己能够做出更明智的判断和选择。我们经常会面临很多决定，这些决定往往涉及竞选、职业生涯和生活的变动、个人或企业正在苦苦追寻的好机会，在做决定之前，先问自己一些经过深思熟虑的问题，可能会出人意料地帮你避开常见的决策陷阱。

至于创造力，它往往取决于我们应对激发想象力的挑战性问题的能力和意愿。对于一个组织中试图通过为新产品提出新想法来实现创新的人，或一个试图以一种新颖且有说服力的方式表达愿景的人来说，创新之路就是一段探索之旅。它通常是从一个特别有影响力的"为什么"或

"如果……呢"开始的，在商业和艺术领域，许多著名的创新突破都可以追溯到这类问题，并顺着这些有趣的问题展开发散。在创作的每个阶段提出恰当的问题可以引导创作者从寻求创意的早期阶段稳步前进，直到将创意"送出门"、走向世界。

我们与他人成功沟通可以通过提出更多关于自己和他人的问题来实现。一项令人惊讶的研究表明，只要问题的类型正确、提问的方式正确，我们就会变得更讨人喜欢。当以错误的方式提问时，你的问题可能充满挑衅且令人厌烦。虽然许多人倾向于依赖一般的"你好吗"这类寒暄型的问题，但更深思熟虑的、有目的性的问题可以更好地与陌生人熟悉起来，或与客户和同事建立友好关系，还能使我们与亲近的人建立更加牢固、更为深厚的关系。值得注意的是，在这个两极分化的时代，提问可以帮助我们理解并与那些以截然不同的视角看待世界的人联系起来。

最后，领导力通常与提问无关，领导者应该知道所有问题的答案，但越来越明显的是，最好的领导者是那些自信且谦逊的人，他们能够提出其他人没有提出的、雄心勃勃的、出人意料的问题。当今，如意见领袖、社会贤达、思想领袖、家庭中的领导者和教育工作者等，他们在这个飞速变化的世界中面临着前所未有的挑战。他们必须提出能够预测和解决组织及相关人员需求的问题、能够为不寻常的探索和创新定下基调的问题，以及能够构建将人们团结在一起这样更具挑战性的问题。使命宣言已经不再足够，新的领导者必须提出"使命问题"。

在这4个截然不同的主题中，有不止一种类型的问题是有效的。许多决策问题旨在帮助你克服自己的偏见，创造力问题更具探索性和启发性，人际关系问题往往会使人产生共鸣，领导力问题更具远见。

但把它们联系在一起的是：当我们问自己问题时，最简单、最有力的结果就是它会迫使我们思考。更具体地说，当我们在思考问题时，我们会陷入"慢思考"——诺贝尔奖获得者、心理学家丹尼尔·卡尼曼[①]用这个词来描述一种深思熟虑的、努力的认知，这种认知有利于更好地决策、选择和行动。

这种认知可能涉及一些简单的事情，如在做决定之前暂停，或在采取行动过程中问自己：我到底想达到什么目的？这个非常基础的问题本身鼓励你多思考，而这是一个好的开始。但是如果你有更复杂的情境问题，你能做的将会更多，你可以通过问题来促使自己从多个角度来看待当下的情况，或挑战自己对它的假设。这样做的时候，我们倾向于开放更多的可能性和选择，这意味着我们不仅会更多地考虑一个特定的挑战，而且会以一种更全面、更平衡的方式来考虑。

虽然本书的功能之一是分享在特定情况下可以使用的问题，但本书更大的目标是鼓励人们养成提问的习惯。这样你不仅可以使用本书中的问题，而且可以创建私人定制问题，逐步根据适合自己的问题提出新问题。

提问的能力就像一块肌肉，你必须通过不断的锻炼来加强它。即使

[①] 人们的思考会受到许多因素的影响，丹尼尔·卡尼曼对这些干扰因素有一个定义："噪声"。他的最新作品《噪声》的中文简体字版已由湛庐引进，浙江教育出版社于2021年出版。——编者注

你觉得自己已经掌握了提问的诀窍，还有很多提问的方法是可以改进的。我在书中介绍了从"推测性提问"到"感知性提问"的学习方法，还有一些可以与他人分享的能够提出更好问题的技巧，包括语气和措辞上的细微差别；我在书中还分享了一些可以鼓励周围的人提更多问题的方法，如果你是一个领导者或渴望成为一个领导者，这一点尤为重要。

要做到这一点，我们必须克服一种普遍存在的不愿问别人和自己问题的心理。本书提供具体的技巧和方法，以便大家更好地进行提问，但我想从更一般的角度出发，讨论一些妨碍提出好问题的绊脚石，以及尤其是在当今世界，克服它们的重要性。

我们可以从 4 岁的孩子身上学到什么？

当有人问一个人怎样才能成为一个更好的提问者时，我建议他们向真正的"提问大师"学习，这里所说的提问大师不是爱因斯坦或苏格拉底，而是普通的 4 岁的孩子。研究表明，这个年龄段的孩子每天可以问 100～300 个问题。有趣的是，一些研究发现，4 岁的女孩比同龄的男孩问的问题更多，她们是"终极提问机"。

幼年时期的提问可能看起来只是小孩子的游戏，但恰好相反，那是一种复杂的、高层次的思考。孩子们在提问之前需要有足够的意识知道自己不知道，并且需要有足够的智力来做一些事情以弥补这一点。正如哈佛大学的儿童心理学家保罗·哈里斯（Paul Harris）指出的，小孩子很早就发现他们所寻求的信息可以很容易地从其他人身上得到，只需要用特定的词汇组合和声音变化组成一个问题就能够得到答案。

如果你能窥视一个提问的孩子的内心，你就会明白为什么孩子喜欢问"为什么"。神经学研究表明，仅对一个有趣的问题好奇就会激活大脑中与奖励处理相关的区域。好奇心，也就是好奇的行为本身就能带给人良好的感觉，因此，提问会产生更多的问题。好奇心是一种状态——"像发痒"，神经科学家查兰·兰加纳特（Charan Ranganath）说。而这种状态通常会导致一种被称为提问的行为，这种行为相当于"抓痒"。

一个4岁的孩子会不停地"抓痒"，直到有一天，她被要求停止"抓挠"。但有一段时间，在提问的高峰期，她会对所有的问题穷追不舍，包括一些最简单的问题，那些初级的"为什么"大部分人都不愿问，因为害怕这样会让自己看起来很蠢。一个提问的孩子不会被积累的知识和偏见束缚，也不会受到"世界如何运作"及"事物为何如此"的假设困扰。他的思想开放而广阔，这些恰恰是思考、探索和成长的理想条件。

这种情况在人五六岁时开始发生变化。非营利性机构"正确问题研究所"（Right Question Institute）的一项研究表明，提问这一行为（至少是在校年幼学生的口头提问）往往会随着年龄的增长而稳步减少。该研究所的主要研究课题是提问，并为学校设计提问练习。4岁儿童每天提问100次的习惯，到青少年时会减少到几次甚至完全消失。

阻碍提问的五大敌人是什么？

人们通常很自然地把"提问"的消失归咎于传统教育系统，因为在很大程度上，传统教育系统是以考试为导向、以答案为基础的。学校其实可以做更多的工作来鼓励学生提问。但很显然，一些外在的力量和压力阻碍了提问。

我认为"提问的五大天敌"中最大的就是恐惧。尽管许多幼儿开始时都是无所畏惧的提问者，但他们会逐渐从老师、家长和同伴那里得到教训：提问有风险，包括暴露他们不知道本应该知道的东西的风险。这对于青少年学生来说是一个令人崩溃的棘手问题，而且随着他们进入初中和高中，来自同龄人的压力变大，情况似乎变得越来越糟。学生们担心自己会问出"错误"的问题，问出被视为离题或答案显而易见的问题，或者只要问了问题，他们就可能被人认为很"逊"。当小孩子成长为青少年时，"酷"通常意味着他们对许多事情要表现得似乎完全不在乎。问一个问题就等于承认：我不知道或确实在乎，而这简直"逊"爆了！

人们步入成年，害怕暴露"不知道"的心理依然存在，甚至被强化了。孩子们至少有年纪小作为借口，但成年人没有借口来解释为什么自己不知道某些重要的事情。在工作场合，人们对提问的恐惧尤为突出。就像有的员工担心的那样：提问会让我看起来不知道如何做好自己的工作吗？这会让我的同事和主管感到恼火吗？甚至更糟，这会以某种方式威胁到他们吗？这些担忧是合情合理的，提问确实有时会令人恼火或挑起冲突。本书会介绍，解决这些问题其实有很多方法，但大多数人并不知道，因为学校（大学、大多数员工培训项目）并不会教授"提问"这项技能。

对提问的抗拒不只限于教室或工作场所，还涉及我们的家庭隐私。我们许多十分亲密的人际关系可以从更多的提问中获益，尤其是那些能挖掘我们的真正兴趣和理解欲望的问题。然而，我们更倾向于发表意见或提出建议来做更多的说明，而不是提问。

即使在内心深处,当我们在精神上与问题做斗争,或试图做艰难的决定时,我们也会为某件事担心、苦恼或抱怨,或完全不去想它。我们应该做的是问自己一些问题,从而帮助我们解决问题或找到问题的症结。但我们可能会不确定如何提出这些问题,可能会害怕没有答案。

如果说恐惧是提问的第一个敌人,那么紧随其后的就是知识。你知道的越多,就会越觉得没有必要问。但这里的困境是双重的。一个困境是人们很容易陷入"专业知识陷阱",在这个陷阱中,知识渊博的人会过分依赖他们已经知道的东西,而不去扩展和更新自有知识。在快速变化的时代,这十分危险。另一个困境是过分依赖现有的知识。坦率地说,我们知道的并不像我们认为的那么多。

这就引出了相互关联的第三个和第四个提问天敌:偏见和傲慢。就偏见而言,有些偏见是我们固有的,有些偏见则基于我们自身有限的经验,但不管是哪种情况,如果倾向于思考特定的观点,我们可能就不太愿意考虑挑战这一观点的问题。本书的第二部分是关于如何做决策的,将会介绍一些通过自问自答来更好地理解和挑战我们的偏见和假设的方法。

但要做到这一点,我们还必须与傲慢做斗争,因为傲慢会使我们相信自己的偏见是正确的,甚至认为它根本不是偏见。谦逊和提问之间的关系很有趣,如果你缺乏前者,你很可能会少做后者。你可能更倾向于这样想、这样说:"如果我都不知道,那么它不可能那么重要。""我只是凭直觉行事,直觉通常是对的。""我不必听完报告,因为我真的很聪明。"

提问的最后一个敌人是时间或者说缺乏时间。人们似乎没有时间提问，这种情况从上学时就开始了。向任何一位老师询问这个问题会得到：有太多的资料要"下载"，以至于留给学生提问的时间很少。时间更是成年人提问的压力来源。为了说明这一点，我经常引用已故喜剧演员乔治·卡林（George Carlin）的一句话："有些人看到真实的东西就会问'为什么？'，有些人梦想着从未有过的东西然后问'为什么不呢？'，有些人必须去工作而没有时间提问。"

卡林的话并没有反映自己的观点（他热切地相信质疑一切事物的重要性），但确实捕捉到了一种在商业和日常生活中相当普遍的态度，也许比以往任何时候都普遍。随着生活节奏越来越快，事物变得越来越复杂，我们只有很少的时间用于探究、沉思或进行批判性思考。我们面临着迅速做出决定和快速做出判断的压力，我们必须做，而不必问我们为什么要做或我们是否应该做。

矛盾的是，在急于求成地用有限的时间做更多事情的过程中，我们可能会因为急于求成的决定或行动而降低了这段时间的利用效率。在当代，一些最成功和最忙碌的人都明白这一点。

举个例子，苹果公司已故创始人史蒂夫·乔布斯是世界上最忙的人之一，但他在巡视公司各部门时会经常有意识地针对一些基本问题问"为什么"。无论是在营销部还是在会计部，"我总是问，为什么我们的工作方式是这样的"。乔布斯扮演了一个好奇的、在公司四处游荡的4岁孩子的角色，这对他和他周围的人产生了巨大的影响，迫使每个人重新审视自己的假设。

前 言　我们为什么提问

我在研究中发现，许多高效率的商业领袖或创意领域内的专业人士都有类似的提问习惯。在繁忙的日程中，他们似乎能够抽出时间向自己和他人提出深思熟虑的问题，尤其是在面对新的挑战、开始一项工作或建立一段新关系时。能够保持年轻人无畏、开明态度的能力和意愿是促使他们成功的因素之一。

释放你心中那个 4 岁的提问者。我在大学、企业和政府机构的"问题风暴"会议中发现，在合适的条件下，人们很快会习惯问很多问题，包括提出基本问题。用不了多久，他们就会像好奇的孩子一样，在鼓励和提示下开始提问。这种鼓励可以来自自己，这也是本书的主要观点之一。如果你想从 4 岁孩子的角度看问题，你可以先问问自己：一个 4 岁的孩子怎么会看到这种情况？

我们要怎么培养提问的习惯？

最难的应该是让自己习惯提问。在有组织的提问练习中，人们很容易成为一个更好的提问者，但要想真正产生影响，这种行为必须成为习惯：它应该是我们工作方式的一部分，是我们早上上班时做的事情，或是融入日常与他人互动的事情。为了达到这个目的，我们必须正视前述提问的五大天敌。

这样做可以使我们克服在他人面前提问的恐惧，一次提一个问题。有些团体活动也可以帮上忙，我们会在本书中探讨几个这样的活动。对于一些人来说，他们的担忧之一是被他人视为无知（特别是当问基本的"为什么"问题或想象的"如果……呢"问题时）。但这是一个值得承担的风险，那些被视为无知的问题可能在洞悉和革新上是最强有力的问题。所以，勇敢地去问吧，让那些不提问的人随便怎么想吧。

你是一个善于提问的人吗？问自己以下 5 个问题：

- 我愿意被视为无知吗？
- 没有直接答案的提问令我感到舒适吗？
- 我愿意抛开我所知道的吗？
- 我愿意承认自己可能错了吗？
- 我愿意停下来思考吗？

对提问的恐惧甚至延伸到了自我提问。尽管没有人在评判，但如果我发现自己提出的严肃问题没有现成的答案怎么办？对每个问题都能回答且应该快速回答的期望是在学校养成的，遗憾的是，谷歌强化了这种期望，但它并不适用于许多具有挑战性的和重要的问题。

问自己一些有挑战性的问题是有价值的，即使你还没有现成的答案。思考一个困难的问题、一个艰难的决定、一个需要解决的创造性问题、一个你可能想要在生活中做出的改变，就把你的心思放在这个问题上，很快你就会产生更深层的洞察力和更清晰的认知。所以，这里的诀窍就是要适应问题，与问题共存并且努力解决它，从中学习，并认识到你不需要马上得到答案。

关于打倒提问的第二个至第四个天敌——知识、偏见和傲慢，其必要条件是愿意从我们所知道的（或我们认为自己知道的）后退一步，并愿意接受新的观点、想法和可能性。我们该如何训练自己做到这一点？这是一个好问题，也是一个非常重要的问题，所有人都需要更加开放的思想，愿意走出自己的舒适圈。

本书中有许多问题可以作为工具，它们基于批判性思维和消除偏见的理论及常识，帮助你以不同的方式转变观点和想法。但是，除非你愿意养成问这些问题的习惯，并且足够谦虚和灵活地根据你从这些问题中学到的东西来调整思维，否则这些问题一点儿用都没有。

至于如何对付提问的最后一个（也是最可怕的）天敌——缺乏时间，我们将考虑各种方法，为深思熟虑的自我提问腾出更多的时间。但是，要使提问对你的决策、创造力和人际关系产生影响，提问必须成为这些活动不可分割的一部分，伴随做决定、承担创造性项目或与人交往的过程。这意味着我们必须放慢其中一些活动和过程的速度。在一个匆忙的世界里，每个人都面临着"完成任务"的压力，要求人们放慢速度是个很大的挑战。

但我认为，如果某件事被认为足够重要的话，大多数人都会挤出时间去完成。所以最终，找时间问更多问题的问题归结为这个问题：花时间做这件事真的值得吗？

为什么在当下提问更重要？

有提问技巧一直很重要，但在飞速变化的 21 世纪，提问是一个生存技能。从个人职业的角度来看，能否取得持续的成功取决于我们是否有能力在适应和更新现有知识的同时坚持学习。我们必须不断发明或改进每天所做的工作，这一切都离不开提问。

在这种动态的工作环境中，个人为了生存和发展，必须不断探索和学习，组织也是一样。现在，即使是最成熟、最成功的企业也处于一种动荡状态：由技术变革、全球化和其他力量引发的动荡重塑了现代商业世界中几乎每个行业，且对非营利组织、政府机构和各级学校有类似的影响。

与领导有百年历史的公司的高管交谈，有些人会向我透露，他们并不知道接下来会发生什么，而且以前可靠的商业手段和方法也不再有效了。一位首席执行官告诉我："我们必须重新考虑我们正在做的几乎每件事。"她补充说，现在公司的各级员工都面临着改变既定工作方式的压力，有些人对此相当不安。他们已经习惯于把自己看作自己所处领域的专家，而现在他们被要求采用新的方法和新的思维方式。他们不仅需要管理和维护，而且需要创新和创造。

这个调整过程不容易，但所有人都是有创造力的（无论你相信与否），我们可能需要一些帮助来增强我们在创造力方面的信心，开发新的方法来发现潜在的创新机会，然后着手工作。

一个未被充分重视的问题是，正确的问题可以非常有推动力，而不是人们通常认为的会减缓进度或使自己陷入怀疑。如果我没有灵感，正确的问题可以帮我开辟一条新的思路。如果我感觉自己被"卡住了"，想要放弃一个创意项目，提问可以用来说服自己是悬崖勒马，还是坚持下去。如果我无法确定自己的想法是否足够好，或者哪些方面需要改善，提问可以指导必要的分析或用来征求他人的意见。

如今，无论是在商业界内还是在商业界外，对创造力的需求都是巨大的，并且有许多的机会和场所可以让你的想法变成现实。通过这样做，你可以发展你的事业，提高你的生活质量。研究表明，从事创造性工作可以使你更快乐、更健康。最重要的是，你可能会为世界带来创造性的解决方案或鼓舞人心的愿景，这正是当今世界需要的。

提问可以拉近人们之间的距离吗？

埃利·维塞尔（Elie Wiesel）曾说过："人们因为提问团结在一起，又因为这些问题的答案产生分歧。"

这些"答案"通常只是伪装成事实的观点，但似乎比以往任何时候都更让人们分心。然而，我们仍然强烈地需要与其他人建立联系。越来越多的研究表明，好的人际关系对过上更快乐、更有意义的生活至关重要。

我们越来越多地将科技作为与他人加强联系的手段。但更多并不一定意味着更深入，当涉及丰富生活的联系时，更深入的才是更好的。在努力建立更深入、更有意义的人际关系时，低技术含量的提问正是一个强大的却被低估的可用工具。

在最基本的层面上，提问有助于我们理解他人并与他人产生共鸣。当你问别人一个问题时，你表现出了兴趣，并为他人提供了一个分享想法、感受和经历的机会。问题越好，就越能引发这样的分享。

当我们与他人（配偶等家庭成员、商业伙伴、一生挚友）关系密切并且很了解他们时，我们往往不会问他们问题。而当我们从建议、批评、提出观点转向提问和倾听时，这类关系可能会发生巨大的变化。

这里的挑战是提出问题，开放对话渠道，而不是挑起争端。引用电台采访者和专家提问者克丽丝塔·蒂皮特（Krista Tippett）的话："你很难超越一个好斗的问题，也很难抗拒一个慷慨的问题。我们每个人都有这个能力，能够提出一些诚实、有尊严和有启示性的问题。"

因为提问是与他人沟通的有效工具，所以提问的能力应被视为一种关键的领导技能。但这引出了一个近来备受争议的问题：一位领导者能否在接受不确定性、提出问题、承认脆弱后，仍被视为一位强大而自信的领导者？

有一点是肯定的：在几乎所有领域，领导者面对的挑战变得越来越复杂和苛刻。过去，作为领导者，意味着你已经在某个领域或组织内具有一定的专业知识和权威。因此，你被认为是那个能自信地告诉别人该做什么的人。但是在飞速变化的时代，声称知道所有答案的领导者往往会把人们带下悬崖。

今后，更有远见、积极主动的领导者必须有能力识别并战胜那些可能限制团队、组织甚至整个行业潜力的假设。本书中领导力部分的提问和探究技巧可以帮助读者在各自领域成为提问型领导者。

与此同时，提问是能够识别和选择优秀的领导者的一个很重要的部分。如果没有提出正确的问题，我们可能不知道该相信谁、该相信哪些信息，以及如何在混乱的世界中做出明智的选择。

我们是否知道如何去质疑？

1996 年，天文学家卡尔·萨根（Carl Sagan）在去世前几个月的最后一次采访中告诉采访者查理·罗斯（Charlie Rose）："如果我们没有能力通过问一些问题来表达自己的怀疑，如果我们不能去质疑那些告诉我们什么是真相的人，不能质疑当权者，那么我们就会等来下一个政治上或宗教上的江湖骗子。"

20 年后，萨根的话比以往任何时候都真实。但在这个"另类事实"的时代，问题是我们知道如何去问萨根所说的那些怀疑的、质问性的问题吗？当我们提出这些问题时，我们是否愿意接受可能与我们现有观点有冲突的信息？

把前者和后者结合起来就是在进行批判性思考。心理学家和批判性思维专家丹尼尔·莱维汀（Daniel J. Levitin）认为，现在人们很难做出正确的判断，因为大量的信息流向我们，会使我的评估能力受到影响。"面对过载的信息，我们已经变得不那么挑剔了，"莱维汀说，"我们会举起手说，'这太难以想象了'。"

当这种情况发生时，我们最终可能会基于情绪或直觉反应而不是基于证据或逻辑做出重要的决策。为了提高决策能力，我们需要提升自己的批判性思维能力。要做到这一点,我们必须用一系列关键问题武装自己,并愿意在做出判断之前始终如一地提出并认真地考虑这些问题。

通过运用这种提问方法,我们可以做到萨根所说的"发现胡言乱语",拆除来自政客、广告商或有偏见的新闻中的虚假声明和有偏见的论点。在这个充满"胡言乱语"和各色伪装的世界中,这种技能比以往任何时候都紧缺。尽管我们尽了最大的努力去审查和过滤不可靠的信息,但我们很可能会被它们淹没,所以我们将不得不依靠内置的"谎话探测器",而它运行的基础正是一个又一个问题。

为了更好地思考,你可以这样问:

- 我怎么以全新的视角看待这一点?
- 我可能会做什么假设?
- 我是否急于做出判断?
- 我错过了什么?
- 什么最重要?

我们需要批判地思考自己做出的许多决策,这些决策不只涉及政治和消费。是否接受一个工作机会、冒险创业或选择追求新事业,这些都需要同样严谨的思考和提问。虽然日常生活中的大部分个人决定不会受到外界影响,假新闻不会影响你的职业选择,但这些决定受到从内而来的扭曲性影响:我们的认知偏见。为了在生活的各个方面做出更好的决定,我们必须意识到这些偏见,并对它们进行严格的质疑。

前言　我们为什么提问

本书后面的部分会列出一些策略和问题。通过提问，我们可以更准确地评估风险，克服不理智的恐惧，找出我们长期的最佳利益。我们可以检测出谎言，搜索出虚伪的事物。我们开始看清什么对我们最重要，并怀有追求的激情。我们可以通过更好地做决定实现这一切，首先可以通过提出更好的问题来做到这一点。

提问贴士

1. 问题的价值在于，一个有针对性的问题可以作为一把铲子，帮助我们挖掘和揭示故事的真相。
2. 真正的"提问大师"不是爱因斯坦或苏格拉底，而是普通的 4 岁的孩子。研究表明，这个年龄段的孩子每天可以问 100 ～ 300 个问题。
3. 提问的 5 大天敌：恐惧、知识、偏见、傲慢、缺乏时间。
4. 现在是提问的最佳时机，现在提问比任何时候都重要。在飞速变化的 21 世纪，提问是一个生存技能。从个人职业的角度来看，持续的成功取决于在适应和更新现有知识的同时保持学习的能力。

THE BOOK OF BEAUTIFUL

01

决策问题
清单

QUESTIONS

01 决策问题清单

做决策时,我为什么应该问问题

每天我们都会面对需要做出决定的问题。有些问题相对来说无关紧要:我早餐应该吃什么?我应该读这篇新闻还是跳到下一篇?有些问题相对来说很重要:我应该接受那个新项目吗?我应该向老板汇报工作中出现的问题吗?我们家是时候开始找新房子了吗?

想要尽快回答这些问题是完全自然和合理的。为什么要浪费时间犹豫不决呢?无论你是在决定穿什么,还是在决定是否接受新的工作,时间都在流逝。这些问题通常是没有"正确"答案的。所以没有必要考虑太多,不妨选择当下感觉正确的,也就是"跟着你的直觉走"。

许多优秀的商业领袖都以依靠优秀的直觉做出关键决策而闻名,至少他们在商业新闻中的光辉形象经常告诉我们这一点,我们可以通过此现象佐证提问这种做法的正确性。马尔科姆·格拉德威尔(Malcolm Gladwell)2005 年出版的畅销书《眨眼之间》(*Blink*)通过讲述以一瞬间直觉做出的决定带来了极好结果的故事,使"直觉"一炮而红。

但是，越来越多的研究证明，我们的本能，即在面对决策时我们自然倾向的思考或反应方式往往并不像我们认为的那样值得信赖。我们受制于固有的偏见、错误的信心、非理性的风险厌恶及各种各样的决策陷阱。宾夕法尼亚大学沃顿商学院的凯瑟琳·米尔克曼（Katherine Milkman）对决策进行了广泛的研究并取得了很多创作成果，她说："科学根本不支持仅凭直觉的价值，事实上，它支持的是与直觉决策完全相反的方法。"莱维汀也同意：如果你根据直觉做出决定，"你的错误直觉将比正确的多"。

那我们该怎么办呢？当涉及重要的决定时，我们可以少相信直觉，多相信证据。我们可以从外部资源和不同的角度寻求意见，尝试越过自己的偏见和有限的观点。我们可以在做决定时提出更多的选择，专家称这是做出更好决定的关键。我们也可以把自己天生过于谨慎或过于注重短期利益的倾向考虑在内，努力做出更大胆、更具前瞻性的决策。

但是，除非你愿意在做决定的过程中思考和提问，否则你无法做到这一点。在本节中，我们将讨论为什么你应该质疑自己的某些决定，以及哪些提问策略最有效。我们将考虑如何通过自问做出更平衡的决定，以及如何做出更勇敢的决定来帮助自己克服对失败的恐惧。你会发现，提出正确的问题甚至可以帮助你做出重大的决定，如找到你的热情所在，这样你就可以决定追求什么样的目标和梦想。

至于较小的决定，如选择合适的外套或选择最佳通勤路线，并非一天中做出的每个决定都必须接受严格的质疑，毕竟人们总得把事情做好。《掌控人生关键点》（The Decision Makeover）的作者迈克·惠特克（Mike Whitaker）建议，与其花时间分析小决策，不如"好好享受它们",将它们作为创造的机会。早餐要不要吃冰激凌?跟着你的直觉走吧!

但是,在你的职业规划中,在人际关系或金融投资中,在进行投票时,做决定值得更多的思考。这就把我们带到了一个关于决策的问题上:许多人并不怎么喜欢考虑艰难的决定,因为这个过程可能令人难受和不安。

艰难的决定要求我们在不确定的情况下做出选择,它们迫使我们面对未知。幸运的是,提问是专门为这种情况设计的。"正确问题研究所"的史蒂夫·夸特拉诺(Steve Quatrano)说,问题能够使我们"围绕未知事物展开思考"。

将提问技能当作手电筒,而你面前的决策就是暗室。每个问题都会照亮一个新的领域,问题越精彩,投射的光就越亮。当我们面对围绕着一个艰难决策的各种未知时,"我到底要决定什么?""最重要的是什么?""哪些关键信息是我没有的?"——这些问题都会使我们看得更清楚一点儿,并帮助我们在面对不确定时向前迈进。

问题也可以使思考决定这项困难的工作变得更容易,甚至更有趣。问题是思考的请柬,并且几乎是不可抗拒的:当你问自己一个有趣的问题时,你便给了你的大脑一个难题让它去解决。需要做出的决定越重要,我们给自己的思考邀请越多,因为总会有强大的力量将我们从思考中拉出来。

我们似乎天生就可以快速做出本能决定。这只能怪我们生活在丛林里的祖先了。莱维汀注意到,人类进化后有一个技能,即可以根据有限的信息如树叶的沙沙声,快速做出判断。我们在做决定的时候会遵循这些本能,它可以引导我们更快地做出反应。

说服人们放慢脚步,多思考,花时间收集和权衡证据,然后再做出决定,这并不容易。"这与进化规律背道而驰,"莱维汀说,"我们提升自己认知模式的复杂度,以应对一个简单得多的世界。"这是就新信息的数量和变化的速度而言的。他接着补充道,认知模式的提升导致"大脑的固化,而且在我们今天做决定的时候,它没有什么帮助"。

从认知角度来看,我们有点儿懒惰。在对决策习惯的研究中,米尔克曼、杰克·索尔(Jack Soll)和约翰·佩恩(John Payne)得出结论,人类倾向于仓促做出决定,因为"我们是认知吝啬鬼,我们不喜欢把精力花在消遣不确定性上"。

不管出于什么原因,现在是时候问:为什么我们做决定的时候好像依旧置身于丛林中?我们可能需要注意截止日期,但已经没有狮子冲向我们了。我们通常是有时间对做决定,特别是做重要的决定进行思考的。在现代生活中,我们更倾向于面对一些与过去不同的决策,这些决策与其说是关于在当前的危险中生存,不如说是关于在一个复杂的世界中航行,同时努力在我们的生活中变得更有效率和快乐。与祖先不同,我们不需要总是依赖直觉,我们有丰富的信息(有时看起来太多了),可以帮助我们做出决定。

如果我们不利用现有的时间和工具做出更好的决定,如果我们选择不深入思考或积极提问,那么从结果来看,这本身也是一个决定,但不是一个好的决定。

根据研究人员约翰·哈蒙德（John Hammond）、拉尔夫·基尼（Ralph Keeney）和霍华德·拉菲法（Howard Raiffa）的研究，在做决定时，我们很容易掉进"一系列陷阱"，在他们关于决策的著作中列举了一些：

- 对未知的恐惧可能会影响决策的安全性，这就是为什么研究人员说，在做关于可能变化的决策时，很难抵制"现状的吸引"。
- 关注错误信息的倾向（你早上在报纸上读到的那篇文章可能对你下午的决定有较大的影响）。
- 对自己的预测过于自信。
- 倾向于先前存在的假设和与偏见相符的信息。

考虑一下这些倾向可能会对决定产生什么影响：假设我从纽约搬到西雅图的新办公室，公司就会为我提供一个高薪职位。一瞬间，"现状偏见"在我的心里形成了一种不好的感觉：变化是危险的，西雅图的灌木丛里可能潜伏着致命的掠食者。而且，一个朋友最近告诉我，他曾经在西雅图待过几天，他并不喜欢那里。除此之外，我很确定（没人说过什么，但我能感觉到），我很快就会在纽约的办公室掌权。为了印证我的决定，我花了10分钟在网上搜索西雅图，许多文章弹了出来，但我选择阅读的是一位旅游作家抱怨这座城市太拥挤且人们都沉迷于咖啡文化无法自拔的文章，而我一点儿都不喜欢咖啡，于是我就做了决定。

在这种情况下，我掉进了哈蒙德、基尼和拉菲法描述的4个陷阱。虽然我最终可能觉得我做这次决定有充分的理由，但这次做决定实际上是基于一种非理性的恐惧、一种过于自信的预测，以及一些不属于我自己的随机的个人观点。它们综合起来并不是很多，但是在做决定时，这样的输入会让人感觉很多。

当仓促做决定时，我们依赖于对一种情况的有限或扭曲的视角，却认为我们拥有一个更完整和准确的视角。基于对这一现象的研究，心理学家丹尼尔·卡尼曼为它起了个名字："你所看到的就是一切"（What you see is all there is），或者叫"WYSIATI"。卡尼曼解释说："我们在脑海中构建了一个故事，这个故事基于我们知之甚少的东西，没有考虑我们不知道的一切。"

有趣的是，卡尼曼的研究发现，有些人能够在某些情况下迅速做出正确的决定，但这只是因为他们比大多数人更了解那种特定的情况（基于过去的经验）。正如卡尼曼所指出的，国际象棋大师在决定移动棋子时可能有可靠的直觉，因为他们从过去类似的决定中积累了很多值得借鉴的经验。那么，普通人在做决定时应该相信直觉吗？科学的观点认为，只有当你是一位国际象棋大师，或有着类似的长期特定的经验，在特定的情况下重复做出决定时，你才可以这样做。

但实际上，大多数人都不像国际象棋大师那样，拥有经年累月的经验。"过度自信是因为人们往往对自己的盲目视而不见，"卡尼曼写道，"他们发自内心地相信自己有专长，并表现得像专家，也打扮得像专家。但一直以来，他们可能只是被自己的幻觉控制着"。

与其问"我应该相信自己的直觉吗？"，不如问"我怎样才能克服这种本能？"。这就为我们带来了本书的中心前提：当你做决定时，你可以试着越过直觉，避免那些"陷阱"，通过问更多的问题变得不那么盲目。如果像卡尼曼说的那样，我们会因为视野有限而做出错误的决定，那如果我们可以打开一个更广阔的视野，用提问这个"手电筒"做到这一点呢？

我为什么相信我所相信的？如果我错了，怎么办

用"提问手电筒"做的第一件事就是照亮自己。通往更好的决策之路始于质疑自己的观点、偏见和假设，这是人们很少做的事，当然也不容易做到。不管我们多么努力地寻找，总有一些偏见对我们来说是看不见的。在这个"回音室"时代，质疑自己可能比以往任何时候都困难。如果一个人倾向于相信某件事或持有某种观点，那么寻找证实该观点的信息，同时避开挑战该观点的信息，就变得更容易。Facebook 的新闻订阅算法通过人们的既定偏好推送新闻和信息，从而稳定了人们的证实偏差。

当诺贝尔物理学奖得主阿诺·彭齐亚斯（Arno Penzias）被问到是什么促成了他的成功时，他解释说，他养成了每天问自己所谓"关键问题"的习惯。彭齐亚斯说："我每天早上做的第一件事就是问自己，'为什么我要强烈地相信我所相信的？'。"彭齐亚斯认为，"不断地审视自己的假设"至关重要。无论何时做决定，这一点都很重要，因为我们的假设和先入为主的观念会极大地影响决定。假设和想要确认我们的假设的想法正是掉入了决策陷阱。

为了更全面地看待你正在决定的一个特定问题的假设，把彭齐亚斯

的关键问题分为三部分："是什么""为什么""如果……呢"。第一部分只是简单地确定你的一些偏见或假设。你首先要问自己的问题是："我对这个特定问题的看法是什么？"例如，回到我的"西雅图工作邀请"场景，这个最初的问题有助于揭示我对西雅图、搬到一个新地方、在刚创立的分公司工作等的感受和假设。

从"是什么"到"为什么"，这个问题试图找到你对所做之事的所有感受或观点的缘由。通过思考这个问题（也许是研究或与他人谈论这个问题），我们才能得知这个观点或直觉是否经得起推敲。我们可能会意识到几乎没有证据支持它；这个观点可能曾经有意义，但现在已经不再有了。这是一种非常常见的现象，畅销书作家丹尼尔·平克（Daniel Pink）①建议经常问自己："什么是我曾相信但现在不再相信的？"

在质疑你为什么信你所信的时候，不要忽视"期望偏差"，研究人员发现，它非常强大，甚至强于被广泛讨论的"证实偏差"。为了弄清楚你对某些给定问题的期望偏差，问自己这个简单的问题："我希望什么是真实的？"回到关于是否去某公司工作的决定，你可能有一种强烈的直觉或信念，你认为会在这家公司发展得很好，因为你希望这是真的。乐观是好的，但是过分地一厢情愿不利于建立批判性思维。

在考虑了"是什么""为什么"后，就要考虑"如果……呢"。"如果我对这个问题的看法或假设是完全错误的呢？"在探索这种可能性

---

① 如果工作能让人可以做出自主选择，发展自己的技能，做有意义的事，那么人们往往会非常努力并取得良好成绩。丹尼尔·平克在他的《驱动力》一书中论证了这个观点，这本书的中文简体字版已由湛庐引进，浙江人民出版社2018年出版。——编者注

时，有一个简单而有效的策略可以使用：想一下你对某个特定问题的看法，然后考虑这种看法的对立面正确的可能性。杜克大学的理查德·拉里克（Richard Larrick）教授是"消除偏见"课题的首席研究员。他说，"考虑对立面"这种方法"只不过是问自己'我最初的判断为什么可能是错误的？'"。拉里克说，这个问题之所以有效，是因为"它将注意力引向了除非如此否则不会被考虑的完全相反的证据"。

所有这些都意味着至少有一些科学依据支撑着"相反的乔治策略"，这个策略曾被《宋飞正传》的角色扮演者科斯坦扎采用过。在1994年的一集中，乔治在杰里的建议下顿悟：由于他的直觉似乎总是使他误入歧途，他决定，从此以后，他将做与他在特定情况下倾向做的相反的事，换句话说，让"相反的乔治"决定。

在剧中，自动违背自己的直觉做事对乔治的约会、生活和事业都很有帮助。但在现实生活中，"反其道而行之"的策略并不意味着提供了一个清晰可靠的解决方案，而是为了让你的思维超越最初的冲动，思考更多的可能性。相反的选择可能是一个不错的选择，但它也可能表明你的第一直觉是正确的，或者你可能会意识到最好的道路在两者之间的某处。

审查自己是否有偏见，你可以这样问：

- 在这个问题上我倾向于相信什么？首先试着表达你的偏见/观点。

- 为什么我要强烈地相信我所相信的？阿诺·彭齐亚斯提出的"关键问题"迫使你考虑产生这些观念的缘由。

- 我希望什么是真的？期望偏差可能会让你觉得某件事是真的，因为你希望它是真的。

- 如果相反的才是真的呢？这个问题的灵感来自"消除偏见专家"和《宋飞正传》(Seinfeld)的乔治·科斯坦扎(George Costanza)。

我的思考方式像士兵还是侦察兵

莱维汀说，为了能够质疑自己的想法，以便为可能与你的想法和观点冲突的其他想法和观点腾出空间，你必须"足够谦虚，承认自己并不知道一些你认为自己知道的事情，或者你认为自己知道这件事可能错了"。这有悖于许多人捍卫自己观念的自然倾向。当你试图从多角度考虑问题、评估证据后做出深思熟虑的决定时，这种防御性倾向可能会妨碍你。

为了说明这一点，纽约一家非营利性的组织"应用理性中心"（Center for Applied Rationality）的创始人之一茱莉亚·加利夫（Julia Galef）以一个好问题引出了一个清晰易懂的隐喻。加利夫建议我们问自己这样一个问题：我的思考方式像士兵还是侦察兵？她解释说，士兵的思维方式与侦察兵是完全不同的。士兵的工作是防御敌人，而侦察兵的工作是探索和发现，这两种截然不同的态度也适用于我们在日常生活中处理信息和想法。"做出正确的决定很大程度上取决于你的态度。"加利夫说。

侦察兵或其他类型的探险者的思考方式根植于好奇心。正如加利夫所说:"侦察兵更有可能说,当他们得到新的信息或解决一个难题时会感到快乐。当他们遇到与自己的预期相悖的事情时,更有可能感到好奇。侦察兵的自我价值与他们对任何话题的判断对错无关。"

换句话说,侦察兵有"智力谦逊",这是一个在过去几年里被许多文章、博客和书籍普及的术语。谷歌高管拉兹洛·博克(Laszlo Bock)公开宣称,公司在招聘时考察的品质之一是智力谦逊。

智力谦逊被定义为"一种对新思想开放的状态,一种愿意接受新证据的状态",它的拥护者之一、弗吉尼亚大学教授爱德华·赫斯(Edward Hess)认为,智力谦逊是未来繁荣发展的关键。"除非人类不断学习、体验、创造和适应,否则我们将无法与人工智能竞争。"赫斯说。除非我们终身扮演谦卑的提问者角色,否则我们什么都做不了。正如赫斯所说,"谦逊是新的智慧"。

如果说"老式智慧"是取得高分、知道更多正确答案和不犯错误,那么"新式智慧"是以一个人不断适应的能力来衡量的。但要做到这一点,赫斯说,我们必须避免过多投入自己的想法和专业知识。"我必须将我的信念与自我分隔,"赫斯解释道,"我必须有开放的心态,把自己的信念当作假设,让它不断接受检验,并通过更好的数据进行修正。"

赫斯说,虽然谦卑常与温顺联系在一起,但我们应该把它看作"向世界敞开的大门"。"我必须克服自己反射性的思考方式:我的自我价值感、我的恐惧、我的'战斗或逃跑反应'",在这方面,它可以被视作勇敢。如果我们拥抱智力谦逊,他认为这样可以对包括创新在内的一切提供帮助，因为"这不再是关于谁对谁错的问题，而是什么是正确的问题"。

克服"做对"的欲望需要有意识的努力。风险投资家克利斯托弗·施罗德（Christopher Schroeder）表示，他用一个问题来提醒自己要保持开放的心态：我更愿意做对，还是更愿意去理解？

施罗德说："如果你坚持自己是对的，你就会把自己锁在回音室里，这会导致你做出错误的决定。"我采访过的另一位风险投资家说，他在决定是否资助创业企业家时用了一个类似施罗德的提问的方法，他并不是问关于自己的问题，而是调整了这个问题，用它来评估候选人：这个人是宁愿正确还是宁愿成功？而他倾向于把钱投给后者。

其根本原因是，如果一个创业者过于担心自己的初始想法是否被证明是正确的，那么将想法推向市场可能会变得更加困难，因为他可能不愿意修改这个想法或不愿意承认和纠正原始创业计划中的错误。这位风险投资家根据经验发现，成功的企业家更愿意接受反馈，并愿意被证明是错误的，因此他们能够学习、适应并改进自己的想法或提议。

显然，"必须正确"不仅能影响业务决策，而且适用于政治，在政治领域，人们可能不愿意承认投票给某位候选人是错误的，尽管有强有力的证据证明这一点。在人际关系中，它会让争论和争执持续很久。毫无疑问，骄傲在其中起着重要作用：认为自己是对的，并且被志同道合的人告知"是的，你是对的，你一直都是对的"，这会让人感觉很好，但它对提高学习、理解、决策或促进总体发展没有多大帮助。

加利夫说:"如果我们真的想提高个人和社会的判断力,就应该努力改变我们对正确和被证明是错误的感觉。当意识到自己可能在某些事情上犯了错时,我们可能需要学习如何感到骄傲而不是羞愧,或者当遇到一些与自己的信念相悖的信息时,我们需要学习如何感到好奇而不是防御。"加利夫有自己版本的"必须正确"的问题,她建议人们问问自己:"你最渴望什么?捍卫自己的信念还是尽可能清晰地看待这个世界?"

如果你能为更清晰地看待世界而奋斗,那么你就可以以一种更加开放和明智的心态去做决定。

提醒自己保持开放心态,你可以这样问:

- 我更倾向于像一个士兵还是一个侦察兵?士兵的工作是防御,而侦察兵的目的是探索和发现。

- 我更愿意做对,还是更愿意去理解?如果你过于重视正确性,它会让你陷入防御模式,并阻碍你的学习和理解。

- 我是否会征求和寻求相反的意见?不要问别人是否同意你的观点,问他们是否不同意,并请他们说出原因。

- 我喜欢发现自己错了时的"惊喜"吗?发现自己在某件事情上错了不用感到羞愧,这是一种智力开放和成长的标志。

为什么我要对别人说的话照单全收

但是,接受新的信息并不意味着你要毫无保留地接受它。把"提问的手电筒"打开后,它也必须照在你遇到的主张、观点和证据上。当你考虑和评估那些信息,努力做出合理的决定或判断时,你就是在进行批判性思考。

"批判性思维"这个术语听起来既腐朽又消极。"这是一个糟糕的名词。"批判性思维专家尼尔·布朗(Neil Browne)说,主要是因为它未能吸引需要学习如何运用这种思维方式的年轻学生(布朗若有所思地说,既然这需要敏捷、灵活的头脑和分辨错误论点的能力,也许"忍者思维"是一个更具吸引力的术语)。

在做决定或做判断时,批判性(忍者型)思考者会努力依据确凿的证据,同时努力保持客观和公正。要进行开放的批判性思考,不只是假设和接受,还需要一些努力。但好在,掌握一些批判性思考的基本步骤并不难,只要问几个基本问题就可以了,但你要知道在特定情况下哪些问题最有用,并愿意花时间和精力去问这些问题。

这些问题是什么?你会在不同的清单中找到不同的批判性思维问题,但根据布朗和其他权威人士的说法,一个好的问题是"证据"问题,用来确定你遇到的任何新信息背后的实质。一个批判性思考者的任何类型的主张,无论是来自产品销售员、政治家还是新闻报道,他都会习惯性地问:这一主张背后的证据是什么?它有多站得住脚?它们可能会引出一系列更具体的证据问题,例如,这些证据来源是否可靠?这背后有什么阴谋吗?

要回答这些问题可能需要进行一些调查，以查明信息来源是否具有说实话的良好记录，或该信息来源是否对推进这一特定主张有特殊兴趣。对于后者，你应追问"谁受益？"

回到我的"搬家到西雅图"场景，我的决定部分基于随机的意见，如我的朋友、我在谷歌上找到的那篇旅游文章等。我如果足够明智，应该去质疑那些证据：它是否代表这两个人以外的观点/经验？这两个人在这座城市待了多久？他们对这里了解多少？

有时候，信息的问题不在于有什么，而在于缺什么，不管是报道不充分的新闻信息，还是忽略了重要细节的广告宣传，都是如此。因此，当被提供可能忽略副作用、隐藏成本和潜在负面结果的可能的解决方案时，一个批判性思考者应该经常问：他们有什么没有告诉我？

当人们试图说服你时，他们可能会利用有缺陷的推理，暗示你应该因为 B 相信 A，或他们可能会承诺如果你执行了 A，那么 B 一定会有结果。批判性思维问题是为了根除"逻辑谬误"而设计的，这些谬误可能基于错误的假设，或者更糟的是，其设计可能是用来引导你得出错误结论的伎俩。

卡尔·萨根的"谎话检测工具包"（baloney detection kit）是识别常见逻辑谬误的一个很好的资源，这个工具包最初是他 1996 年出版的《魔鬼出没的世界》（*The Demon-Haunted World*）里提出的概念。作为工具包的一部分，萨根列出了批判性思考者始终应该注意的 20 个技巧，包括依赖权威的论点（"我是总统，所以你应该相信我"）、错误的二分法（"你不是支持我们就是反对我们"），及"滑坡"论点（"如果我们采取这个看似合理的步骤,肯定会导致更糟的结果")。

既然批判性思维的关键是公平性,也就是说这需要人们愿意考虑多种观点,那么批判性思考者就会被训练提问:"这个问题的另一面是什么?"这个想法是养成用与现有的观点相反的观点去思考的习惯。

当试图考虑"另一面"时请记住,提问可能很有用,但实际上还有另一面吗?("关于我们是否真的登上月球的问题,并不存在另一面,"莱维汀指出,"我们真的登上过。")如果有另一面,请一起考虑这两方面,然后问:两种冲突的观点背后哪种有更多的证据?最后,一方仍有可能被要求做出判断,如"我有三个强有力的理由相信一方,一个理由相信另一方,我会选择更有说服力的那方"。

检测信息,你可以这样问:

- 证据有多有力?批判性思维始于要求任何主张背后都要有实质内容。"证据"问题的一个子集可能包括这些证据是否有可靠的来源、其背后是否有什么阴谋。

- 他们有什么没告诉我?有时,信息的问题不在于有什么,而在于缺什么——不管是报道不充分的新闻信息,还是忽略了重要细节的广告宣传。

- 这是否符合逻辑?当人们试图说服你时,他们可能会利用有缺陷的推理,暗示你应该因为 B 相信 A。

- 相反的观点是什么?为了避免"弱意识的批判性思维",

你要有意愿找出你正在决定的问题的对立面,并试着以开放的心态来考虑它。

- 哪种冲突观点的背后有更多的证据?选择更多的那种。

我的批判性思维隐藏着某种目的吗

关于批判性思维的一个有趣的观点:如果你在不同阵营的政治博客间来回跳转,你会发现一些不寻常的东西。存在政治分歧的双方经常谈论批判性思维,经常抱怨当今世界缺乏批判性思维。但双方都倾向于认为对方有这个问题,而自己没有这个问题。"那些人"成了那些宣传的牺牲品,他们不会提出质疑、也不会做出合理的政治判断。

这并不是一种新现象。已故大学教授理查德·保罗(Richard Paul)在 20 世纪 70 年代发起了"批判性思维基金会"(Foundation for Critical Thinking),他还研究了一种常见行为,并称之为"弱意识批判性思维",这种行为指一个人可能擅长运用批判性思维的基本工具和实践——提问、调查、评估,但倾向于仅为确认现有观点而这样做。你可能会说这些人都是有目的的批判性思考者。

尼尔·布朗也研究了弱意识批判性思维,他指出,这样做的人往往没有意识到他们的推理和判断可能有偏差。"人们普遍认为'不同意我的人是有偏见的,但我没有',"布朗说,"这是批判性思维的障碍之一。"

所以,如果把批判性思考者仅看作"提出批判问题的人",我们就错过了一个非常重要的部分。根据这个定义，很多政客都是批判性思考者，气候变化否认者和地球平面论者也是。

显然，怀疑论者不足以成为批判性思考者，特别是当怀疑论只是朝着一个方向发展时。批判性思考者必须足够灵活地考虑和质疑问题的所有层面，尤其是当他们倾向于支持自己的方面时。

如果这不是一个"是或否"的决定怎么办

因为批判地思考问题有助于权衡证据和评估相互冲突的选项，尤其在做出二元决策时特别有用，如"我应该接受这个提议吗？""我要相信现在网上流传的那个故事吗？""我信任那个候选人吗？"。但我们面临的许多重要决策不是"是或否""A还是B"的选择，至少不应该是。

二元决策是封闭问题的答案。我们可以选择用二元的"是/否"或"此/彼"来定义一个决策，因为它限制了我们必须考虑的选项，使得决策更容易。卡尼曼研究发现："面对困难问题的人往往会在无意识的情况下回答一个更容易回答的问题。"相比之下，"困难"的问题可能是："我在工作中与老板相处有困难该怎么办？"简单的问题是："考虑到我与老板之间存在的问题，我应该辞职吗？"第一个问题可以用无数种方式回答，而且需要一些创造性思维；第二个问题可以在一时冲动的情况下迅速回答。

但这个简单的"是或否"的决定阻断了其他可能性。在决策过程中，至少在决策的最初阶段，有更多的选择可供考虑通常是件好事。根据研究人员米尔克曼、索尔和佩恩的观点，一个决定不会比还在考虑中的"最佳选择"更好。他们指出，人们倾向于"将决策制定成是或否的问题，而不是可供选择的方案"。《决断力》(Decisive)的作者奇普·希思(Chip Heath)和丹·希思(Dan Heath)兄弟一致认为，"决策制定时碰到的第一个敌人'狭隘的框架'就倾向于以二元术语狭隘地给出定义"。

那么，你如何获得更多的选择呢？很简单，要求自己这样做。

如果你能通过把一个封闭的问题转变为一个更开放的问题来重新定义"是或否"的选择，这会极大地改变你所做的决定。最后一个问题，"我应该辞职吗？"，通过将其转换为"如何"或"什么"的问题而使其变得更加开放。如"我该如何改变我在这份工作中的处境？""在辞职或无动于衷之间有其他可能性吗？"。

问题的关键不是避免做出艰难的决定，而是在做出决定前考虑更多的可能性。当然，你也不想被淹没在过多的选择中，但是米尔克曼、索尔和佩恩建议，每个决定至少要有3个选项。如果你的企业正在考虑拓展，这3个选项可能是：

1. 我们可以开一个新的分支机构。
2. 我们可以拓展，但要在我们现有的分支机构中进行。
3. 我们可以决定不拓展。

这些选项可能基于从美好的预测场景到糟糕的预测场景。在生成选项时，通过问什么是伟大的、美好的和丑陋的来考虑这个决定带来的3

种结果或场景。

当你试图想出 3 个选项时，顾问保罗·斯隆（Paul Sloane）建议你第三种选择应该是一种与其他选择相反的、不同寻常的选择。所以当你在考虑可能性的时候问问自己：什么是反直觉的选择？

斯隆举了个例子：你正在考虑解雇表现不佳的弗雷德。选项一是解雇他；选项二是让他参加培训，试图让他变得更优秀；选项三是给弗雷德升职！第三个选项似乎有些离谱，但斯隆解释说："其故意被包含在内是为了刺激和激发你的想象力，以使你考虑一些出其不意的东西。"

如果你在考虑其他选项时遇到困难，希思兄弟根据他们的决策研究提出了一个小技巧。每当你试图在现有的选项中做出选择时，试着问自己一个"消失的选择"问题："如果当前的选择都不可行，我会怎么做？"这个问题迫使你暂时清除现有的可能性来考虑其他可能性。

拓展可能性，你可以这样问：

- 我怎样才能"开启"有待决定的问题？我们倾向于做出二元决定（是或否，非此即彼），但这限制了选择。尝试使用开放式问题（什么是最好的方式……我该如何……？）。

- 什么是伟大的、美好的、丑陋的？在做决定时，试着从至少 3 个选项中选择。通过预测 3 种潜在结果或情景来做到这一点，一种是非常积极的，一种是适度的，一种是消极的。

- 如果目前的选择都不可行，我该怎么办？想象一下，你现有的所有选项突然消失了，这迫使你寻求更多的可能性。回到现实中，你可以权衡一下设想的新选项和现有选项。

- 什么是反直觉的选择？包括一个与其他选项完全相反的选项；你可能不会选择它，但它会激发非传统的思维。

- 局外人会怎么做？你可以找一个真正的局外人来回答这个问题，或者只是试着从局外人的角度来看待这个问题。

局外人会怎么做

在帮助我们决策时，提问重要的工作之一就是提醒我们退后一步，试着从另一个角度看待决策。米尔克曼、希思兄弟和其他决策研究人员（都受到卡尼曼开创性思维的影响）提到了一个常见的问题，即我们会对眼前的问题持"有限的观点"，因为我们离这个问题太近了。

一个简单而有效的方法是问："如果我的朋友不得不做这个决定，我会给出什么建议？"这个建议得到了许多决策专家的支持，包括畅销书作家、杜克大学心理学家丹·艾瑞里（Dan Ariely），他解释说，虽然这看起来很奇怪，但我们给别人的建议通常比给自己的更合理。

我们为什么要这样做？希思兄弟指出，一项研究表明，"我们给他人的建议往往取决于一个重要因素"，本该如此，但当我们考虑自己时会陷入大大小小的问题。或者像希思兄弟说的："当我们想到朋友时，看到的是森林；当我们想到自己时，就会被困在树上。"

另一个奇特但显然有效的自我疏离技巧是：试着用第三人称来问自己一个决定，例如，我可能会问自己，"贝格尔在这种情况下会做什么"，而不是"我该怎么做"。心理学教授伊桑·克罗斯（Ethan Kross）发现，自我疏离可以让我们更冷静、更理性地思考，因为这样可以让我们从局外人视角看待自己和当前的处境。克罗斯指出，像勒布朗·詹姆斯这样的超级明星运动员有时会因为以第三人称自言自语或自称而被嘲笑。例如，勒布朗可能会对自己说："星期四的比赛勒布朗已经准备好了。"但勒布朗是对的，克罗斯说。当自言自语的时候，我们可能会有一种方法来控制我们的疯狂。

为了与自己保持更远的距离，可以试着从别人的角度来思考这个决定，比如："面对这个决定，沃伦·巴菲特会怎么做？""就这点而言，勒布朗会怎么做呢？"这位"局外人"可能与你所面对的问题没有任何联系，也可能只是稍有不同观点的人。

商业界有个著名的故事，是关于英特尔联合创始人安迪·格鲁夫（Andrew Grove）和戈登·摩尔（Gordon Moore）的。在公司成立初期，他们不得不对英特尔是否应该放弃现有的核心产品以向新的方向转变做出决定。格鲁夫提出了这样一个问题："如果我们被解雇，董事会请了一位新的首席执行官，你认为他会怎么做？"这个问题帮他们创造了所需的距离，以便他们更公正地看待问题。他们推断，新上任的首席执行官对旧产品没有感情，所以会根据未来的发展做决定。因此，格鲁夫和摩尔选择放弃旧战略，英特尔后来的成功也证明了这是一个明智的决定。

在试图对一个决定"采用外部观点"时，你可以像格鲁夫和摩尔那样推测一个局外人可能会做什么决定，你也可以考虑其他不得不做出类似决定的人的经验（通过寻找和询问这样的人，或依靠与你所面对的情况类似的案例研究）。另一种选择是求助顾问或咨询师，他们可能有与做出类似决定的人合作的经验，顾问本身也提供了一个局外人的视角。

预先警告：采取外部观点有时会导致对有关决定的彻底重构。精益企业研究所（Lean Enterprise Institute）的顾问戴夫·拉胡特（Dave Lahote）分享了一个故事。他被带到了一家正努力改革销售审批流程的公司。当时的流程需要多个级别的批准，且需要两周时间才能实现出售。

意识到这个过程太慢了，公司的领导开始专注于简化审批流程，实现整个流程审批的时间只要两天而不是两周。但作为一个局外人，拉胡特的看法不同：他考虑了当时的情况，然后问他们为什么需要审批程序。当面对这个意料之外的问题时，公司领导开始审视流程背后的原理，然后发现了它的不合理之处。拉胡特说，他们需要"从这个流程中退出来，像我这样客观地看待它"。

在考虑了许多有助于做出正确决定的问题后，在某个时刻，你必须停止提问并做出决定。那你怎么知道时间到了呢？风险投资家施罗德表示："在决策过程中，你总是在收集足够的信息和收集过量的信息之间徘徊。"至于多少是足够的，亚马逊首席执行官杰夫·贝佐斯给了一个有趣的公式："大多数决策可能都应该在你得到约70%你希望得到的信息时进行。如果你等到信息量达到90%，在大多数情况下，你可能就太慢了。"

但是，信息量达到 70% 通常不会"瞬间"发生。不应该仓促做出决定，原因有很多，如人们往往会在压力作用下做出糟糕的决定。当面对一个重要的决定时，有必要问一下：现在就必须做出这个决定吗？现在是做决定的时候吗？有证据表明，当我们感到疲倦、紧张或只是急于"结束这件事"时，我们应该避免做决定，因为这时我们做的决定可能更多是基于情绪或冲动。

当你要做决定时，试着做两次——先决定一次，一两天后再决定一次。人们可能不愿意质疑自己，但如果一个决定是可靠的、经过深思熟虑的，那么它就应该站得住脚。检验一个决定是否可靠的一种方法是考虑两个问题：这个决定是否坚不可摧？如果我以后要为这个决定辩护，我该怎么做？

花时间质疑决定并不意味着你举棋不定或推迟做决定。如果人们总是推迟做决定的时间，那就会导致你不得不在最后一分钟、在压力下做出决定。作家兼商业顾问托德·亨利（Todd Henry）说，他遇到的一个常见问题是，人们经常由于不确定性而推迟做决定，这使他们无法继续自己的生活或事业。他建议我们经常问自己："我现在处在犹豫不决的迷雾中的什么地方？"

还有一些我们可能会避免做出的决定，因为它们存在很大的不确定性或风险太高（或两者兼有）。为了为这种情况提供帮助，我们需要提出"无畏"的问题，这些问题旨在提供足够的确定性和信心，使我们能够跃入虚无。

如果我知道我不会失败，我会尝试什么

作为决策者，我们似乎从过于自信和愿意"凭直觉行事"突然转变为恐惧，如果我们做出错误的选择，企业会倒闭、事业会停滞不前，用凯马里德·海（Khemaridh Hy）的话说："我们会破产，然后死在路边。"

凯马里德后来成为一个研究恐惧对人工作和生活决策影响的学者，尽管他是以一个不寻常的身份——雄心勃勃的投资银行家进入这个领域的。作为移民的儿子，父母给他灌输了强烈的职业道德，在30岁出头时，他就成了贝莱德对冲基金年轻的董事总经理之一。但他感到不安和不满。他咨询了一位生活顾问，那位顾问最终提出了这个问题："你到底在害怕什么？"

凯马里德说，当真正开始思考这个问题时，他意识到恐惧是自己继续赚更多的钱和在金融界达到更高目标的动力。不管他赚了多少钱，他还是怕会破产。他担心自己还没在世界上留下印记就死去了，他还担心自己会辜负别人的期望。

凯马里德辞掉了工作。"要想思考这些问题，你需要时间和空间。"他说。他开始写博客，讲述他的恐惧和焦虑，以及他是如何学会理解和应对恐惧和焦虑的。他的博客很快流行起来，首先是在银行业，"所有年轻、成功的金融人士都会写信给我，'你触及了我从未想过的东西'。"凯马里德说。然后是在科技行业。凯马里德的各种社交账号都非常"火"，以至于美国有线电视新闻网称他为"千禧一代的奥普拉"。

尽管他的作品涵盖了所有关于寻找生活满足感和意义的方式，凯马

里德仍然特别关注恐惧。"焦虑无处不在。"他说。它可以影响甚至决定我们做出的许多选择，引导我们走向我们可能并非真正想去的方向，阻止我们尽情享受生活。

凯马里德所说的话得到了决策研究的支持。该研究表明，对负面结果的过度恐惧（又称为"消极偏见"）可能会导致我们做出一些毫无意义或对我们不是最有利的选择。消极偏见可能根植于我们过去所经历的一些对我们当前的思维和行为有着异乎寻常的影响的事情。心理学家指出，"9·11"悲剧发生很久之后，不少人依然选择开车而不是乘飞机，为了保证"安全"而增多的驾驶员导致了交通事故的增加。

但这些恐惧也可以追溯到更遥远的过去，以及与我们现代生活毫不相关的危险。《超越你的直觉》（*Outsmart Your Instincts*）一书其中一位作者亚当·汉森（Adam Hansen）解释说，那些"丛林本能"，也就是那些让我们必须迅速做出反应和决定的本能，也会推动我们走向规避风险的方向。

在丛林中或其他生死攸关的情况下，避免风险可能是有意义的，但在商业界、在一个人的职业生涯中，甚至只是在充实的生活中，这样做可能会将更多的可能性阻挡在外。汉森说，在商业界，消极偏见会造成麻痹效应。"这使企业陷入困境，害怕尝试任何新的或大胆的举措。它使创新停滞。"

如何靠提问克服恐惧

首先，提问可以帮助我们识别可能影响决策和行为的恐惧。"很难弄清楚你真正害怕的是什么，"凯马里德说，"但通常情况下，一旦你确定了它并将其描述出来，如对破产、死亡或两者兼有的恐惧，你就可以着手处理它了。"

菲尔·基欧汉（Phil Keoghan），终身探险家和恐惧征服者，真人秀节目《极速前进》(The Amazing Race)的主持人，也认为探究自己的恐惧是克服恐惧的一个很好的开始。基欧汉教人们克服一系列恐惧（从恐高到恐惧鲨鱼），他说他经常以问题开始：你对这种恐惧最早的记忆是什么？你对此有何反应？它阻止了你做什么？如果你能克服这种恐惧，事情会发生怎样的变化？在剖析恐惧时，"我们谈论它的非理性以及真实的与想象的风险"。

基欧汉的最后两个问题集中在克服恐惧的积极意义上。生活顾问柯特·罗森格伦（Curt Rosengren）指出，当人们试图克服恐惧的时候，重视原因很重要，例如："为什么我要做这件事或这个选择，即使它让我害怕？"罗森格伦建议："与其把注意力集中在你将要做的事情（引起恐惧的事情）上，不如把注意力集中在期望结果的积极能量上。"结果可能是个人受益，也可能对他人产生积极影响。不管怎样，我为什么要这样做的答案是关于做出改变，"激励你、推动你前进"，这样就更容易克服恐惧。

当你决定一个令你感到不安的可能性时，把注意力集中在与接受风险相关的积极情绪上。亚当·汉森建议客户扪心自问："在这种可怕的可能性中，什么使我兴奋？"

但同样重要的是要审视与承担风险相关的负面情绪，这种情绪可能基于你在探求风险可能性时对会出现的问题的合理担忧。与其逃避思考这些问题，不如直接问自己："可能的最坏情况是什么？"

这是一个人们熟悉的问题，也是一个相当基础的问题，但这并没有降低它的价值。这个问题不仅是职业风险经理人的最爱，而且是教练和心理学家的最爱。虽然这个问题看起来像是一个消极的问题，因为它唤起了人们对最坏情况的想象，但只要它与一个更积极的后续问题"我将如何从中恢复"结合，它最终会减轻你的恐惧，给你承担风险的信心。

作家兼企业家乔纳森·菲尔兹（Jonathan Fields）指出，当想到失败时，"我们总是以一种模糊、夸张的方式去思考，我们甚至不敢清楚地思考它"。但在开始一个高风险挑战之前，如果你能设想出失败了会发生什么，以及你可能要做什么来收拾残局，那么这可以帮你认识到，如菲尔兹所说的，"任何努力后的失败都不是绝对的。几乎所有的事情都有回头路，一旦你意识到这一点，你便可以更有信心地继续前进"。

科学家、决策专家加里·克莱因（Gary Klein）支持通过"事前分析"（提前做事后检讨）来预测潜在失败可能是什么样子，这样你就可以考虑失败可能的原因。为了把事前分析变成问题，你可以问："如果我失败了，可能的原因是什么？"决策研究人员表示，通过事前分析可以缓和过分乐观的情绪，并鼓励对风险进行更现实的评估。这里再次强调，提前考虑失败的主要好处是，它往往会减少围绕可能的失败的恐惧和不确定性；如果你能开始设想它，你可能会发现它不一定是灾难性的，而且如果它真的发生了也可以做出有效反应。

当你在设想失败的可能性时，也要考虑到相反的情况，问问自己：

"如果我成功了,那会是什么样?"菲尔兹指出,这个问题很重要,因为它有助于克服消极偏见。菲尔兹建议我们仔细想想在最佳情况下可能发生的事。现实中可能无法实现,但这种愿景可以提供足够强大的激励,鼓励承担风险。

但这仍然不能让我们轻易地做出高风险决策或行动。那些研究并致力于克服恐惧的人的共识似乎是:提问、设想和事前分析只能带你走到这一步。在某种程度上,没有什么可以替代行动(害怕水的人终究不可避免地要下水)。即使在行动阶段,也有一个有用的问题要问:我怎样才能迈出一小步?菲尔·基奥汉(Phi Keoghan)发现,在他指导人们克服恐惧时,他制订了一个计划,从小步骤开始,并限制暴露恐惧的源头。对于征服恐高症的人来说,他的逻辑是先爬到低层建筑的顶部,然后再去爬更高的建筑。

类似的策略几乎可以用于任何高风险的投资。在商业界,人们对推出新产品的担忧可以通过以下方式来缓解:先有限地推出低成本的测试版产品,然后再全面推出产品。如今,几乎所有想要创新的企业都必须学会问两个问题:我们如何才能产出更多的创意?同样重要的是,我们怎样才能快速和低成本地检验这些想法?知道如何回答第二个问题,就可以使第一个问题变得可行且风险更小。

克服恐惧,你可以这样问:

- 如果我知道我不会失败,我会尝试什么?以这个硅谷最受欢迎的问题让大胆的可能性开始。

- 可能发生的最坏的事是什么？虽然这看起来是一个消极的问题，但是它会迫使你面对模糊的恐惧，并用更具体的方式考虑它们（这通常会使它们不那么可怕）。

- 如果我真的失败了，可能的原因是什么？对可能的失败进行"事前剖析"，列出几个潜在的原因，它会告诉你应该避免哪些陷阱。

- 我该如何从失败中恢复过来？只要想想你如果失败了会如何收拾残局，就可以减缓对它的恐惧了。

- 如果我成功了，那会是什么样子？现在从最坏的情景转换到最佳情景。设想成功可以培养信心，并提供前进的动力。

- 我怎样才能迈出那一小步呢？想想是否有"婴儿步骤"可以引导你迈出一大步。

你可以通过提问做的最有用的事情之一就是暂时改变现实。如果我知道我不会失败，我会尝试些什么？这是现实转换问题的一个很好的例子，这也是过去几年我一直和观众分享的问题。我不是唯一一个这样做的人，有一个类似的版本，被为谷歌和美国国防部高级研究计划局工作过的技术专家里贾娜·杜根（Regina Dugan）在2012年TED演讲中引用，从那时起这个问题就一直很流行。

一个改变现实的问题可以让我们从不同的角度看世界。"为了丰富想象力，必须有机会看到事物与现在或看起来不同的另一面，"德勤边缘研究中心（Deloitte Center for the Edge）技术专家和未来主义者约翰·西利·布朗（John Seely Brown）解释道："这始于一个简单的问题'如果……呢？'它会介绍一些奇怪的甚至显然不真实的东西进入我们的现状或观点"。

当问"如果我不会失败呢？"时，我们就创造了一种心境，其中失败的限制被移除。实际上，用问题来消除现实世界中的限制和约束，作为鼓励人们更大胆和创新地思考是普遍且有效的。例如，产品开发人员有时会使用假设的问题，"如果成本不是问题会怎么样？"，从而暂时消除思维的实际局限。一旦把成本限制放在一边，它就允许更广泛的思维探索。

当然，在现实世界中，约束肯定存在：预算是有限的，失败的可能性是非常真实的。在"如果我不会失败呢？"思考阶段的想法可能需要被磨炼，甚至之后被抛弃。但是就像"考虑对立面"的技巧一样，关键要创造更多的可能性（在这种情况下，更大胆和更冒险的可能性）供考虑。

作家罗恩·利伯（Ron Lieber）在《纽约时报》上探讨了"如果我不会失败呢？"的一个有趣变形。他分享了丹尼尔·安德森（Daniel L. Anderson）的故事。安德森厌倦了在里诺的房地产工作，试图在休斯敦提供的一份"安全"工作和旧金山提供的一份风险更大的工作之间做选择。当安德森努力做决定时，一位导师问了他一个问题："如果你不害怕，你会怎么做？"

安德森说："这个问题让我重新审视了我的现状，确保自己不是在做那些容易和轻松的事。"他还说他想到了母亲给他讲的带着遗憾退休的朋友的事。"我不想成为那样的人。"他说。他最终选择了在旧金山的风险更大的工作，他现在在那里发展得很好。至于那份在休斯敦的被他拒绝的"安全"工作，是在"一家叫安然的公司"。

"未来的我"会怎样决定

我们对变化和风险的自然厌恶有时会使我们远离那些可以改善我们生活的选择。但如果我们被鼓励做出更大胆的选择，我们会更快乐吗？经济学家史蒂文·莱维特（Steven Levitt）想要找出答案，并进行了一项研究，研究对象是正在做一个艰难决定的人。被试者都同意遵守掷硬币的结果：如果是正面向上，他们会直截了当地同意工作邀请、求婚或他们正在考虑的任何事情。

6个月后，莱维特采访了被试者，发现硬币是正面（说"是"）的人比是背面（说"不"）的人快乐得多。这告诉了我们什么？《纽约时报》报道了这项研究，专栏作家阿瑟·布鲁克斯（Arthur C. Brooks）得出结论：任由我们做决定（不用通过掷硬币来引导）时，"面对机会，我们说'不'太多了"。

布鲁克斯接着指出，如今，规避风险的行为"无处不在，尤其是在年轻人中"。举例来说：布鲁克斯指出，数据显示，如今30岁以下的人比过去的同龄人更不可能重新开始他们的职业生涯。换句话说，当面对问题时，你会抓住这个机会还是宁愿待在原地——我们更偏向于维持现状。

但如果我们重新审视这个问题，使我们能够从不同的角度考虑同一个决定，从未来的角度回顾过去会怎样呢？

理性思维中心（Center for Rational Thinking）的朱莉娅·盖尔夫（Julia Galef）分享了一个故事，该故事展示了以这种方式审视一个决定可以帮助我们摆脱现状偏见。盖尔夫的一个朋友得到了一份加薪7万美元的工作，但他最初不愿意接受这份工作，因为这需要他搬到一个很远的地方。后来盖尔夫的朋友改变了主意，他问了自己这样一个问题："如果我已经在那个地方找到了工作，并且有机会搬回离家更近的地方，但减薪7万美元，那会怎么样？我能接受吗？"

他的回答是否定的，这暗示他应该接受这份工作，他也确实这么做了。那么，为什么对这个问题进行简单的语言重组会使它看起来更有吸引力呢？根据盖尔夫的说法，他的朋友最初不愿意接受这个提议是基于一种对改变的普遍厌恶。然而，一旦他设想了一个自己已经采取行动的未来场景，便会意识到这可能是值得做的。

一个能让我们通过设想未来情景来帮助自己做出当前决定的问题可以被看作一个"水晶球"问题。这样的问题值得一问，因为人们有一种倾向，就是过于关注当下。这种短期思维的倾向导致我们只关注眼前的偏好，而忽视了长期的目标和后果。

对付它的一种方法是试着想象我们对未来某件事的感觉。斯坦福大学执行教练埃德·巴蒂斯塔（Ed Batista）说："好的决策能力与我们预测未来情绪状态的能力息息相关。我们需要生动地想象未来的情景。"

所以，举例来说，如果一个机会来了，你在决定是否抓住它，想想作家罗布·沃克（Rob Walker）提出的问题："如果我从现在开始回顾过去，我会希望我在时机成熟的时候做出改变吗？"如果你能想象"未来的你"对此会有什么感觉，它就可以帮助你做出更好的长期决定。

哪种选择能让我精进

记住，"未来的你"很可能与"现在的你"大不相同，这便是长期决策为什么具有挑战性的原因之一。心理学家丹·吉尔伯特（Dan Gilbert）说："其实人类正在进行的工作被错误地认为已经完成了。"他的研究表明，在价值观和偏好方面，人们严重低估了未来10年可能发生的改变。

当面对一个具有长期影响的决定时，如加入一个新组织、搬到另一个地区、改变职业发展轨迹，需要考虑的首要问题是："哪种选择能让我进步和茁壮成长？"

如果我们从加入一家新公司的角度来考虑这个问题，它会鼓励我们超越眼前的激励措施（如加薪），以考虑提升机会及其他未来的利益。亚当·格兰特（Adam Grant）在《纽约时报》上撰文，提出了几个更有针对性的问题，有助于回答上述甚至更广泛的问题。

根据格兰特的说法，如果你想找到一家适合你的公司，最重要的一点是要确定：那些小人物能在这里升到高层吗？在那家公司的传说中，应该有人从秘书或电梯操作员升任高层管理职位的故事。这样的故事会告诉你这是一个"未来的你"可以成长起来的地方。格兰特还提出了另一个相关的问题："我能否决定自己的命运，并在这个组织中发挥影响力？"晋升只是成就"未来的你"的一部分，在公司发生的事情上有真正的发言权同样重要。

01 决策问题清单

与此同时，最好知道这家新公司是否是一个你可以学习、试错和创造的地方，因为这些都是有助于你发展和进步的活动。格兰特把这些归结为这样一个问题："老板对错误有什么反应？"你可以从公司及其领导者如何应对过去失败的故事中找到答案。格兰特提到了IBM公司的一个著名的故事：有一名员工犯了一个错误，导致公司损失了1000万美元。这名员工惴惴不安，他以为IBM首席执行官汤姆·沃森（Tom Watson）会解雇他，但沃森的回答是："为什么要解雇你？我刚花了1000万美元教育你。"

在试图预测你是否能够在一家公司发展和成长时，首先要问的是："这家公司的其他人是如何增加新技能和放大自身职责的？"职场专家罗恩·弗里德曼（Ron Friedman）说，不要忽视工作中的社会因素，这是影响工作幸福感的一个很重要且常常被低估的因素。弗里德曼建议，尝试去了解公司是如何鼓励员工之间的"联系"的，有些公司在增进同事情谊方面比其他公司做的好得多。

有趣的是，人们现在倾向于关心一些问题，如你的工作是否让你有机会做一些有趣的事情，是否有时间和你喜欢的人在一起。但芝加哥大学行为科学教授艾利特·菲什巴赫（Ayelet Fishbach）说，研究表明，我们似乎不认为未来这些事情对我们很重要。这使她不禁问道："为什么人们能充分认识到目前工作中的福利很重要，却不关心那些未来的福利？举例来说，为什么一个学生无法忍受两小时的枯燥讲座，却认为自己会对一份无聊但报酬丰厚的工作满意"？

菲什巴赫把这种倾向归因于人类根本不会从现实的角度来思考未来。她的建议是，"确保你选择了一个你喜欢追求的职业或项目"，这个工作能够带给你一些"日常工作中的小乐趣",这往往是获得工作满足感的重要因素。

去新公司之前你可以这样问:

- 小人物能爬到顶端吗?在众多故事中寻找那些小人物能够爬到顶端的证据。

- 团体会如何应对错误?(另一种问法:我会因为探索而受到惩罚吗?)这将决定你是否能试错和成长。

- 我在这个团体中会有影响力吗?看看各个级别的员工是否有发言权。

- 这里的人是如何提升自身技能的?这是另一个决定你能否进步的关键因素。

- 这里鼓励同事间建立情谊吗?工作中的人际关系比大多数人想象的更重要。

- 我会享受日常工作中的小乐趣吗?快乐的工作取决于你每天要做的小事。

我以后该怎样向其他人解释这个决定

哈佛商学院的商业伦理学教授约瑟夫·巴达拉科(Joseph Badaracco)建议,在做长期决策时,要把每个重要的决策看作一个大故事中的一个章节，然后扪心自问：这一章如何与这个大故事吻合？

巴达拉科说，要想在这种大背景下做出有意义的决定，就应该把长期目标与宗旨结合起来。他补充道，当做出这样的决定时，还要认识到责任、关系和价值观。巴达拉科建议问自己这个问题："对组织、客户、社区和家庭，我的核心义务是什么？"这样你就可以评估这个决定是否符合这些利益了。

最后他提出了一个"水晶球"问题，以此来判断你是否能够顺利地接受这个决定："想象一下你向一位亲密的朋友或导师解释自己的决定。你觉得舒服吗？那个人会有什么反应？"

虽然你不想做出"未来的你"以及可能会依赖你的"未来的其他人"会后悔的决定，但最遗憾的往往是那些出于安全和谨慎而做出的决定。回到莱维特的研究，对于那些因为掷硬币而大胆做出决定的人（最终这么做很高兴的人），我会给出一种替代随机掷硬币的方法，用一个加权的问题把你推向一个更重要的方向：如果我通常更喜欢对大胆的决定说"是"，为什么不对这个说"是"呢？在这样的框架下，这个问题给回答"不"的一方带来了更多的负担。

如果你在做决定时偏向于"是"，那你还有几个问题需要记住，包括"如果我同意这个决定，我要拒绝什么？"。这个问题由执行教练迈克尔·邦盖·斯坦尼尔（Michael Bungay Stanier）提出，旨在提醒你任何决策都存在"机会成本"。如果你选择做 X，你可能会错过做 Y。但这不意味着应该阻止你对 X 说"是"，除非 Y 实际上更好且可能会真的发生。更重要的是，这个问题提醒我们在对那些不值得的事情说"是"

的时候要谨慎,因为这可能会让我们失去做更好事情的机会(当你试图把日历上所有的空白日期都用那些偶然出现的不太靠谱的机会填满时,请问自己这个问题)。

如果你坚持"宁可选择错误"的方法,这并不意味着你应该轻易地或出于义务而答应。特别是在决定如何回应邀请时,这可能就是一个问题。出于礼貌,我们常常默认为"是",而在事情发生时才后悔。

现在有一种方法可以检测你是否会后悔接受邀请,这就涉及另一个"水晶球"问题,其由心理学家丹·艾瑞里提出,他称之为"取消兴奋"问题。当有人邀请你做某事时,你可以问自己:"如果我接受了邀请,然后发现它被取消了,我会有什么感觉?""如果你为此感到高兴,说明你其实不想去,"艾瑞里说,"你这么做是出于义务,或不好意思拒绝。"

最后一点关于未来做决定的思考:难忘的经历对"未来的你"非常重要,也许比现金奖励和其他无法持久的短期利益更重要。卡尔·理查兹(Carl Richards)在《纽约时报》撰文提出了这样一个问题:"如果把那些能让我们更快乐、更有成就感、更有创造力和更值得纪念的经历放在第一位,会怎样呢?"理查兹接着回答了这个问题,他指出,研究表明,事实上,丰富而难忘的经历确实能以上述所有方式改善我们的生活。

你现在说"是"的经历将会成为"未来的你"记住和分享的故事。这又引出了一个由作家兼顾问约翰·哈格(John Hagel)提出的"水晶球"问题。他建议,每当你面临两条不同道路的选择时,请这样问自己:"当我 5 年后回顾过去时,当下这些选择中的哪个更好?"正如哈格所解释的:"没有人会后悔走上了通向更好故事的道路。"

我的使命是什么

如果某些问题能为一个决定或一个问题带来新的视角,那么我们如何将这一工具应用于所有人面临的巨大的挑战,确定或梳理我们人生的使命感?

如今,我们都被鼓励去"追随我们的热情",但是如果你不确定该追随哪个呢?这不仅对那些刚开始工作的人来说是个问题,对一些已经站稳脚跟甚至非常成功的人来说也是。人们很容易发现自己走上了一条由他人或环境决定的道路,例如,突然出现的工作机会或项目好到难以拒绝,然后成为职业。无论你是刚开始还是考虑改变方向,你都可以用有针对性的问题来试着更好地了解自己要做什么。

在考虑确定你人生真正的热情所在的问题之前,有必要考虑一个相反的问题:我是否应该问"我的热情是什么"?有些人认为"热情"这个问题弊大于利。作家卡尔·纽波特(Cal Newport)[①]说:"年轻人会因为'我要找到自己注定要做的事'而被麻痹。""热情不该是你

[①] 卡尔·纽波特在他的作品《优秀到不能被忽视》中呈现了对待职业生涯的两种不同方式:一种是工匠思维,关注自己能给世界带来什么;另一种是激情思维,关注世界能给自己带来什么。他沿着一条清晰的逻辑,提出关于人生和职场的四大规则,教你一步步获取自己的职场资本、自主力、使命感。这本书的中文简体字版已由湛庐引进,北京联合出版公司于 2016 年出版。——编者注

所追求的目标,当你努力工作使自己对世界有价值时,热情自然会随之出现。"纽波特的建议是:选择一个看起来很有趣的职业(把热情抛在脑后),然后集中精力做好这件事,最终它可能会成为你的热情所在。

同样,作家伊丽莎白·吉尔伯特(Elizabeth Gilbert)说,她已经不再建议人们"追随自己的热情"了,因为这会给那些可能不知道自己真正的使命是什么的人压力,即使有这么个使命也会有压力。吉尔伯特现在建议人们"追随自己的好奇心",这可能会引导你产生热情(或不同类型的热情)。

不过,确定一个能够带来方向、动力和专注力的追求或目标还是有些道理的。德鲁·休斯敦(Drew Houston)是一家科技创业公司的联合创始人,他观察到,成功的人"热衷于解决那些对他们来说至关重要的问题"。这让我想起了狗追网球的情景。休斯敦建议,为了提高你获得幸福和成功的概率,你必须找到你的"网球"——那个吸引你的东西。确定自己的"网球"是什么,这会对许多其他决定和选择产生类似于澄清的作用。实际上,你可以这么问自己:这对我追逐我的"网球"有什么帮助?

没有一个简单的公式可以确定你的"网球"是什么,但你可以问三类问题:你自己的优势或资产,你与生俱来的兴趣,你对待那些对你来说比自己还要重要的东西的方式。

"基于资产"的问题相当简单明了:归根结底就是我的优势是什

么？心理学家马丁·塞利格曼（Martin Seligman）[①]曾在宾夕法尼亚大学积极心理学中心就这一课题进行过研究。他说，你可以思考甚至写下自己处于最佳状态的时间，然后更深入地探究那些成功时刻："我处于最佳状态的时候展现出的个人优势是什么？我有没有表现出创造力、正确的判断力及善良？"塞利格曼说，当你弄清楚自己擅长什么后，下一个挑战就是如何有效地发挥这些优势。

一个更有趣的方式来思考这个问题就是问自己：我的超级能力是什么？著名的商业顾问山下基思（Keith Yamashita）提出这个问题的目的是"释放你与生俱来的个性特征和才能组合"。如果你在列举自己的能力和长处时有困难，可以看看盖洛普高管汤姆·拉斯（Tom Rath）广受欢迎的"优势识别器2.0"（Strengths Finder 2.0）计划，里面包含34个特征。你确定了自己的优势，就能更好地利用自己的优势。

当你探究了自己擅长什么后，可以问问自己天生比较感兴趣的是什么，二者可能有重叠，但也不一定。有时，在我们从一个超然的角度审视自己的活动和行为之前，我们可能并没有意识到是什么真正吸引了自己。管理教练、《精要主义》（*Essentialism*）的作者格雷戈·麦吉沃恩（Greg McKeown）[②]说，我的想法是成为"自己生活的人类学家"，他建议我们问问自己：我什么时候感觉真正的快乐，为什么？我会持续参加

[①] 塞利格曼的《真实的幸福》以一种通俗而又不失科学性的方式告诉我们，什么是真正的幸福，以及怎样才能变得更幸福。这本书的中文简体字版已由湛庐引进，浙江教育出版社于2020年出版。——编者注

[②] 麦吉沃恩在他的《精要主义》一书中提出的观点是：若要最大限度成就重要之事，就不能贪多求全、事事应允。这本书的中文简体字版已由湛庐引进，浙江人民出版社于2016年出版。——编者注

什么活动，关注什么主题？我什么时候看起来最像我自己？

这不仅包括现在的活动，而且包括过去的活动，甚至包括童年时期的活动。心理学家埃里克·梅塞尔（Eric Maisel）建议这样问自己："我10岁时喜欢做什么？"在列出自己最喜欢的童年活动后，"看看今天还有什么能让你产生共鸣。然后就是更新爱好的过程。你过去喜欢的一些东西现在可能已经不存在了，或者在你的生活中已经没有意义了，但是你也许能发现那些东西的新版本"。

另一种确定你天生兴趣所在的方法是问自己：是什么让我连吃饭都忘了？《福布斯》专栏作家马克·曼森（Mark Manson）接受了这一观点，它源自心理学家米哈里·希斯赞特米哈伊（Mihaly Csikszentmahalyi）[①]关于"心流"的研究（人们在工作时进入创造性心流状态，往往会忘记时间和其他与当时工作无关的事情）。曼森说，在年轻的时候，他玩电子游戏会忘记吃饭，后来他发现自己在写作的时候也有过同样的沉浸感。对于其他人来说，这种感觉可能来自教学、解决问题或整理东西。曼森说："不管是什么，不要只看那些让你彻夜难眠的活动，还要看清那些活动背后的认知原则……它们可以很容易地被应用到其他地方。"

超越技能和与生俱来的兴趣（超越自我）人们可以研究更广阔的世界，并提出问题：世界需要什么，我可以做什么？记者大卫·布鲁克斯

[①] 希斯赞特米哈伊访谈了包括14位诺贝尔奖得主在内的91名创新者，分析了他们的人格特征及他们在创新过程中的"心流"体验，总结出创造力产生的运作方式，提出了令每个人的生活变得丰富而充盈的实用建议。他将这些建议汇集在图书《创造力》中，这本书的中文简体字版已由湛庐引进，浙江人民出版社于2015年出版。——编者注

(David Brooks)写道,追求"有计划的生活"(强调个体的能动性)的人和追求召唤生活的人之间的区别是,他们倾向于问:那些召唤我去做的状况是什么?我最有价值的社会角色是什么?这是心理学家和《坚毅》(*Grit*)的作者安杰拉·达克沃思(Angela Duckworth)在写给大学毕业生的一篇文章中提到的,她不仅建议读者"朝着自己感兴趣的方向前进",而且建议读者"寻求自己的使命"。所以与其问自己你做什么,不如问自己:我希望这个世界有什么不同?我能帮别人解决什么问题?她补充道:"将重点放在应该如何为他人服务上。"

改善人们生活的目标似乎相当宏伟,但正如丹尼尔·平克所说,它可以以更为谦虚的方式表现出来。"你可以用一个大写字母 P 来思考目的。"平克说,这可能涉及消除饥饿或解决气候危机。他补充说:"我还认为,其他的一些小目标可以作为小写的 p。"例如,可以问问自己:"如果我今天不上班,情况会更糟吗?"你可以用以下两个问题来区分这两种不同类型的使命。如果是 P 代表的使命,可以问这样的问题:我有什么不同吗?如果是 p 代表的使命,可以这么问:我是不是做出了贡献?平克指出,这两种类型的使命都有价值和意义,后者可能比前者更容易实现。

发现天赋,你可以这样问:

- 我的"网球"是什么?找出吸引你的东西……就像狗追逐网球那样。(德鲁·休斯敦)

- 是什么让我忘记吃饭?如果这对你来说比吃饭更重要,那就说明了很多问题。(马克·曼森)

- 我 10 岁时喜欢做什么？回顾过去，你可能会看到你应该做些什么。（埃里克·梅塞尔）

- 我的超能力是什么？总结一下"你与生俱来的个性特征和才能组合"。（山下基思）

- 我希望这个世界有什么不同？这个问题"把重点放在了如何为他人服务上"。（安杰拉·达克沃思）

- 概括我的那句话是什么？通过一句话来概括你是谁，最重要的是你的目标是什么，从而帮你提炼出自己所追求的目标的本质。（丹尼尔·平克）

无论你是想寻找一个新的商业机会，还是确定一个可能的终身追求，如果你想解决一个真正雄心勃勃的好问题，一个旨在帮助你找到终极网球的问题，那你可以考虑问这个问题：我该如何将我的标志性优势应用到我天生感兴趣并能够帮助到他人的追求中？通过回答 3 个"热情"要素——优势、兴趣、使命，可以帮助你找到既能吸引你，又能让你充分发挥天赋并有所作为的事情。

但即使你找到了一个似乎能回答这个问题的机会，卡尔·纽波特也有一个警告：这仍然会有困难和不利因素。网球的滋味也不一定好。纽波特观察到，人们总是一厢情愿地认为，一旦他们找到了一个与他们内心的召唤或热情契合的追求，一切都将迎刃而解。但他看到很多学生很快就会放弃自己的兴趣和潜在的职业，因为他们发现很难掌握所有东西。"他们会发现'我并不擅长这些事情，所以这一定不是我的激情所在'。"

考虑到做有价值的事情都很难，马克·曼森分享的这个听上去不雅的问题值得大家思考：你最喜欢什么口味的垃圾三明治？曼森对此解释道："有时候，一切都会变得很糟糕……所以问题变成：你愿意忍受什么样的斗争或牺牲？"

如果你已经试着问了以上所有的问题，仍然没有找到属于你的"网球"，也许你需要的不是另一个问题，而是一个明确的陈述，一个总结你是谁、你这一生想实现什么的陈述。你可能觉得这看起来很难做到，实际上不是，你只需要问问自己，概括我的那句话是什么？这个问题曾经由记者兼国会议员克莱尔·布思·卢斯（Clare Booth Luce）向肯尼迪总统提出过。卢斯告诉约翰·肯尼迪总统："一个伟人就是一句话。"即一个有明确而坚定目标的领导人可以用一句话来概括，例如，"林肯总统保卫了联邦，解放了奴隶"。丹尼尔·平克是卢斯问题的崇拜者，他指出，这个问题对任何人都有用，不只是对总统。

为了努力找出概括你的那句话（这也可以被认为是一种个人的使命宣言），试着问自己这个问题：我想被别人如何记住？什么对我来说最重要？我想做出什么改变？

对于许多人来说，寻找使命（那个你要追逐的"网球"）与创造力密切相关，而创造力是下一章的重点。如果你决定追求更具创造力的生活（我们会看到，你有充分的理由对这个决定表示同意），那么有很多犀利的问题可以帮助你确定去创造什么，如何激励自己克服妨碍自己起步或继续前进的挑战，如何确定自己的工作成果是好的，如何改进它，如何在持续的创造性追求中不断发展并保持新鲜感。

这些问题适用于独自奋战的个人或试图共同创造和创新的团队。它们涉及渴望表达原创思想的艺术作品及能够改变企业或人们生活方式的创新性产品。不管你是否认为自己有"创造力"，这些问题都是相关的。

1. 当你做决定时，你可以试着越过直觉，避免"一大堆陷阱"，通过问更多的问题来减少"对自己的盲目性"的影响。
2. 不断审视自己的假设在做决定的时候很重要，因为我们的假设和先入为主的观念会极大地影响决定。
3. 如果无法克服对"做对"的欲望，那么这最终会导致你做出错误的决定。
4. 信息的问题不在于有什么，而在于缺少什么。
5. 掌握一些批判性思维的基本步骤并不难。你可以从这几个方面来尝试：采用局外人的视角；避开消极偏见；提前考虑失败；在未来的情境中想象。
6. 问问自己："能够概括我的那句话是什么？"这个问题其实是在问"你的目标是什么"，从而帮助你提炼出自己所追求目标的本质。

THE BOOK OF BEAUTIFUL

QUESTIONS

02

创新问题
清单

我们为什么要创造

十几年前,世界上最成功的咨询公司之一的创始人戴维·凯利(David Kelley)休了一天假,来到他四年级女儿的课堂,那天,他是女儿班级的客座教师。在学校,他接到了医生的电话,医生告诉他,他被诊断出喉癌,病情发展很快,56岁的戴维被告知只剩40%的生存机会。

得知这一消息后,他联系的第一个人是他的兄弟汤姆·凯利(Tom Kelley)。汤姆和戴维小时候同住一间卧室,这些年来,他也一直作为合伙人和戴维在他们的公司IDEO工作。汤姆当时在巴西,刚结束一场商业演讲就接到了电话。他立刻坐飞机回家,来到了戴维身边。

在接下来的6个月中,戴维在无数的化疗和手术中挣扎,他和汤姆几乎每天都会见面,最终戴维成功战胜了病魔。在这个阶段快要结束时,他的病情预后变好,但未来仍然有很大的不确定性。戴维告诉汤姆,他正在努力思考一个宏大的问题:"我来这个世界要做什么?"

戴维已经创立了一家优秀的公司，有一个充满爱的家庭、一座美丽的房子。但当他想到留下一些持久影响时，他对自己提出了一个好问题："我如何才能帮助人们重新建立对创新的信心？"

凯利兄弟决定一起解决这个问题，随着戴维逐渐从癌症中康复，他们的努力也逐渐有了结果。通过教学、合著《创新自信力》（*Creative Confidence*）、发表 TED 演讲和创建在线课程，他们提出了一种关于创意的哲学，其背后有三个核心原则：

1. 创造力对事业和职业的成功至关重要，用汤姆的话说，"创造力有一种渗透你整个生活的能力"，使生活更加充实和富有成效。

2. 我们每个人都是有创造力的，尽管许多人从小习惯于认为自己没有创造力。凯利兄弟在教授大学课程、与 IDEO 公司员工和客户共事期间亲眼看到，如果你能给某人灌输一种"创造力自信"——相信自己有能力产出创意并将其变为现实，你就可以释放那个人的潜在创造力。

3. 有一些方法可以通过遵循特定的步骤、行为来表现和发展创造力。通过这个过程，创造力可以根据需要被召唤，因此人们不必等到"天使出现，告诉你该做什么"。凯利兄弟用"设计思维"一词来描述 IDEO 公司产生创意并将其付诸实践的方法。把它看作一种"被采用的提问"，因为它主要围绕着在创作过程的每个阶段提出特定类型的问题。

这三个原则是本章的重点：创造力对我们每个人来说都很重要；我们有能力在工作和生活中更具创造力；我们可以采取一些基本步骤来激

发我们的创造力,并引导它走向富有成效的目标。通过问自己问题,你可以验证这三个原则。更重要的是,提问可以帮助应对许多与创造力相关的挑战:寻找一个原创想法、克服创造障碍并弄清楚何时何地你的创造力可以有大发展(即使是在充满干扰的情况下);知道如何提升、完成和"输送"创造性工作;找到不断进步的方法,让你的创意不会变得陈旧。

与上一章的决策问题一样,这些能够激发和培养你的创造力的问题会在关键时刻帮你转变视角,使你能够从新的角度看待创造性的机会和挑战。它们也有助于我们跨过创造过程中的起伏,提升我们的"创新信心",这一点正如凯利兄弟指出的那样,无论我们是否意识到,这种自信存在于所有人的心中。

尽管接下来的大多数问题都是关于"如何"创新的,但我倾向于从"为什么"要有创造力开始分析。为什么要有创造力?世界上已经有很多伟大的创造性工作了,为什么要再增加一个?你不知道你的创造性工作是否会有经济回报,甚至不知道它是否会被人喜欢,为什么要冒这个险?

从一开始就考虑这些问题可以帮助你做出有利于创造力的决定,而且这个决定本身会带来令人惊讶的效果。心理学家罗伯特·斯滕伯格(Robert Sternberg)对有创造力的成功人士进行了研究,发现在某种程度上,他们会有意识地做出有利于创造的决定。斯滕伯格总结说:"没有这个决定,创造力就不会出现。"根据斯滕伯格的发现,也许我们应该问的关于创造力的第一个问题是:"我愿意做出有利于创造力的决定吗?如果愿意,为什么?"

有很多潜在的答案，但这里有一个不错的开始：即使你的创造性工作从来没有超出你努力工作的空间，它也会对你产生非常积极的影响。研究表明，只要做一项创造性的任务，无论它多么微不足道，都能增加你的愉悦感和幸福感。正如高产作家菲莉丝·科尔基（Phyllis Korkki）所说，"创造力是大脑的瑜伽"。

心理学家米哈里·希斯赞特米哈伊在他对创造力的广泛研究中发现了类似的情况。他发现，当人们完全投入一个将他们的想象力和能力推向极限的项目时，会有一种独一无二的感觉。希斯赞特米哈伊观察到："画架边的艺术家或实验室里的科学家的兴奋程度最接近心流状态，但这种情况很少发生。"

当我们创新时，我们就统治了宇宙，或者至少是宇宙的一小部分。高产诗人和作家夸姆·道斯（Kwame Dawes）说："我想以某种方式把我对这个世界的感觉，把我理解、参与、体验这个世界的方式传达给其他人，我想让他们进入我创造的世界。"他在创作时，试图用语言捕捉他看到和感受到的事物，以此记录它们的美丽、力量和恐怖，这样他就能回到这些事物中并重新体验它们，就可以在一个混乱的世界里获得某种控制感。

纽约一家舞蹈公司的艺术总监吉娜·吉布尼（Gina Gibney）也提到了与创作相关的"控制感"。"在生活中，我们经历了如此多的思想和情感破裂。对我来说，创造艺术能让一切重归于好。"吉布尼说。她早期阶段的作品往往是"深思熟虑、信息丰富的"。但她发现，将所有不同的元素结合起来形成的一种形态体验（"提炼和塑造活动，创造环境，努力做一些有凝聚力和完整感的东西"）是一种令人陶醉的体验。

在研究中，希斯赞特米哈伊观察到，深度创造性的工作不仅在过程中提供了非常令人满意的体验，而且提供了额外的奖励：（有希望）可以与他人分享工作中产生的某种东西，"留下一个锦上添花的结果"。

正如夸姆·道斯所说："我想以某种方式向别人传达自己对世界的理解、参与和体验。我想把他们传送到我创造的世界。"吉布尼认为她创作的作品（对她来说是现场表演）是一种"礼物"。她认为这是"我工作中最有意义的部分"。

创造力使我们能够将新的、潜在的、有价值的想法和创意带到世界上，创造力可以为创造者提供超越个人满足感的好处。有创造力可以让你在事业上更成功。这一点可以从艺术界扩展到商业界，并且涵盖了广泛的职业和活动。

作家兼顾问卡尔·纽波特说："在 21 世纪，市场重视的是生产稀有的和有价值的产品的能力。"一位企业家的成功往往基于其发现和发展创意的能力。在更成熟的组织中，如果领导者和管理者能够通过想象和运用创新的方法解决组织中的问题，那么组织就会兴旺发达。即使是最底层的员工也有可能通过提出一种富有想象力的新工作方式来提升自己。

在某种程度上，这种说法一直是部分正确、部分错误的：多年来，无数有创造性想法的员工被告知"好好做自己的工作"，但现在企业为了跟上快速变化和竞争加剧的步伐，面临着巨大的创新压力。而创新往往来自员工提出新想法、创造新产品、提出新流程和解决方案的能力。

如果你会创新，你现在更有可能是个不可或缺的人。例如，在过去，创造力从没有被认为是一种领导技能，但在近年的调查中，创造力被列为商业领袖的顶级技能。未来，创造力在工作中的价值只会加速增长。技术淘汰了许多非创造性的工作，剩下的工作机会将主要流向那些有能力创新的人。

既然有这么多好处，为什么会有人不支持创造性呢？汤姆·凯利和其他创意专家认为，这并不是一个有意识的决定。阻碍人们变得更有创造力的是他们不相信自己有创造力。

我的创造力去哪儿了

关于你自己的创造力，最常见的错误问题是："我有创造力吗？"《创造力的神话》（*The Myths of Creativity*）的作者戴维·布尔库什（David Burkus）发现，主要的谜团之一就是他所说的"繁衍神话"———一些人天生就有创造力，而另一些人则不然。正如布尔库什所指出的，科学发现并不能证明这一点。布尔库什说："我们在研究中找不到任何证据证明存在'创造基因'。然而，我们谈论创造力，好像它是天赐的礼物，但实际上它是每个人都能得到的能力"。

布尔库什指出，很多人在孩提时代表现出很高水平的创造力，这说明创造力就在我们身上。很多孩子随着年龄的增长，自由地想象、绘画、修建和实验的情形似乎越来越少了，这表明，与其问自己"我有创造力吗？"，不如问："我的创造力去哪儿了？"

许多人建议由学校培养学生的创造力,尽管社会压力也起着作用。"随着年龄的增长你会意识到,不是每个人都喜欢你的疯狂想法。"布尔库什说。

作家布伦·布朗(Brené Brown)发现,她所采访的人中,约有1/3的人可以回忆起自己年轻时的"创造力伤疤",当时他们被告知自己的创造力不够好。这种沮丧甚至是朋友和家人带给他们的,这些朋友和家人试图提供一些他们认为好的建议,如"当你可以专注于更实际的事情时,不要把时间浪费在追求艺术上"。

布尔库什说,负面反馈最终会成为一个公认的事实,甚至可能成为一个方便的借口。"只要你说'好吧,我不是那种有创造力的人',就能摆脱困境。你甚至不必尝试。"

在访问戴维·凯利的公司IDEO的客户或参加他在斯坦福大学教授的课程的学生中,戴维·凯利就经常发现这种态度。人们都说自己"没有创意",戴维·凯利说,"而我们知道这不是真的,因为他们最后在课上创造出了很精彩的东西"。为了提升他们的信心,戴维·凯利鼓励学生从做小的创造力练习开始,如画简笔画、制作一些简单的手工制品等,然后逐步承担一些要求更高的项目。

在这个过程中,戴维·凯利对学生们说,并不能用他们画得怎么样来衡量他们的创造力,那是一种具体的技能,可以通过时间磨炼。另外,创造力不是一种技能,而是一种"心态"或一种看待世界的方式。人人都有能力去看待一件事,如一个难题、一个题材、一种情况、一个主题,然后提出自己的想法和解释。

正如提出正确的问题也可以激发创造力一样，基于错误假设提出的错误问题——也会抑制创造力。为了避免承担尝试创意工作带来的风险，人们有时会在一开始就提出一些用来说服自己放弃的问题。

 如果你想更有创造力，不要再问自己如下6个问题了，这些是人们经常问的关于创造力的错误问题。阅读下面的答案，然后停止提问。

- 我有创造力吗？如果你是人，那你就有创造力，不存在所谓的"一些人有而另一些人没有"的"创造力基因"，创造力是每个人都可触及的天赋。

- 我有多大的创造力？这很难衡量，但这不是一场比赛。更好的方法是换个问法：我在哪些方面有创造力？你可能会找到更多答案。

- 我会找到一个原创想法吗（一切不是都已经想好了吗）？你不需要从头开始，几乎每个新想法都是由现有想法的碎片组成的，而这些碎片随处可见。

- 我该去哪儿找时间创作？从关上手机开始（除非你用它来创造）。

- 我怎样才能想出一个可以赚钱的点子？不要一开始就想着好结果。找到并发展一个有价值的想法，金钱会随之而来。

- 我该从哪儿开始？我不需要一个确切的起点。引用作曲家约翰·凯奇（John Cage）的话："从任何地方开始。"

在开始一项创造性的努力之前，人们可能会担心自己的努力会不会被别人接受，以及这些努力最终是否会有回报。这时候，他们过于关注结果，而不是工作本身。例如，那些问如何才能找到一个赚大钱的想法（甚至是一个能"触动千百万人的心"的想法）的人应该考虑到，初始阶段他们很难知道自己努力地创新会有什么结果。心理学家迪安·西蒙顿（Dean Simonton）在他关于创造力的研究中发现，即使是经验丰富的创新人士也很难预测他们的个人项目是否会成功，创新者并不知道什么会成功。然而，那些成功的人克服了这一点，不断向前迈进和创造。通过一如既往地探索，往往会出现偶然的和有时令人惊讶的成功。

如果你正决定是否继续一个项目，并想确保你是出于正确的理由去做的，问问自己："如果我一开始就知道这项工作不可能带来名利，我还会想做吗？"

凯利兄弟说，害怕开始，害怕迈出创造性努力的第一步也是一个主要障碍。这种恐惧表现在很多方面，但有三个特别问题往往会阻碍我们实际做一些创新的事情。当心这三个"哪儿"：我哪儿有时间？我到哪儿去找一个原创的想法？我从哪儿开始？我们将在后文讨论"时间"问题，但是对于最后两个问题，答案非常简短：无处不在。接下来是一个更长的答案。

如果我主动搜寻问题会怎样

在思考从哪儿及如何找到一个原创想法时，考虑两个在突破性想法方面获得巨大成功和赞誉的产品：广受欢迎的 Nest 恒温器和热门的百老汇音乐剧《汉密尔顿》（*Hamilton*）。一个是消费品，由设计师托尼·法德尔（Tony Fadell）设计的。另一个是由剧作家兼嘻哈音乐家林-曼努埃尔·米兰达（Lin-Manuel Miranda）创作的一部表演艺术作品。两者都是高度原创的作品：从来没有人见过像Nest恒温器这样的家用设备，也没有人见过像《汉密尔顿》这样的音乐剧。那么，法德尔和米兰达是如何"发现"这两个好想法的呢？

法德尔并不需要去寻找他的想法，它就在他眼前。大多数人对恒温器不太关注，但法德尔有一双设计师的眼睛，他不经意间注意到，他住的每栋房子都有一个老式恒温器，看起来像"20世纪90年代丑陋的米色盒子"，突兀地挂在墙上。它们不仅看起来很丑，而且很难使用，从技术的角度来看，它落后于时代。法德尔想知道：在一个智能手机时代，为什么恒温器依然那么蠢笨？他开始设想一种结合时尚外观和智能手机特性的新型恒温器。该产品在2011年一经推出，立即被销售一空，并在两年内成为行业领先者。

至于剧作家米兰达，他的想法在书店等他，然后在他度假时跟着他到了酒店的游泳池。他买了罗恩·谢诺（Ron Chernow）创作的亚历山大·汉密尔顿的传记，以便在旅途中阅读，但当他开始阅读时，书里有些内容令他灵光一现。

引用设计师索尔·巴斯（Saul Bass）的话，创造力源于"看见一件事，然后看到了另一件事"。米兰达研究了移民汉密尔顿的故事，正如他后来解释的那样，他看到了一个关于美国移民的更宏大的故事（米兰达的亲生父亲就是从波多黎各移居到纽约的）。从汉密尔顿（一个不守规矩的人、一个多产的作家、一个容易与他人发生争执的人）身上，米兰达发现了他与图帕克·沙库尔（Tupac Shakur）这样的现代说唱歌手相似的东西。不久，米兰达就开始写关于汉密尔顿的嘻哈歌曲，这些歌曲最终形成了一部音乐剧，并迅速成为一种非凡的事物。

那么，Nest恒温器和《汉密尔顿》的创作有什么共同之处呢？它们表明，创造力的来源通常不像人们认为的那样是一次晴天霹雳，它可能是我们眼皮底下的东西。《汉密尔顿》和Nest恒温器也是"精明的重组"案例，当有人将现有的元素或想法结合起来，创造出新的、独特的东西时，就会产生这种结果。法德尔将恒温器与手机的设计和功能元素结合在了一起；米兰达将亚历山大·汉密尔顿的生活故事（谢诺的传记所展示的）与嘻哈音乐（百老汇经典音乐剧）及其他影响因素结合在了一起。

戴维·布尔库什指出，受到现实世界中已经存在的事物的启发，他发现我们周围的事物都在等待着被发现，然后被以一种全新的形式想象，这是大多数原创作品得以存在的方式。但这不是我们想象中创造力的样子。

布尔库什引用了《创造力的神话》里的观点，创造力必须来自完全原创的想法，这是关于创造的一个重大误解。他说："几乎所有的新想法都是已有想法的组合。"他指出，iPhone就是一个典型的例子——2007年，史蒂夫·乔布斯将移动电话、黑莓手机、数码相机和iPod的元素结合到了一个高度原创的组合包中。

这样的创造力是顺其自然的。大脑天生就有做这种联系和组合的能力，我们不应该为此感到内疚。"现在的问题不是'借用'或'模仿'，也不是'衍生'或'影响',而是人们如何处理借用或衍生的东西。"神经学家、作家奥利弗·萨克斯(Oliver Sacks)在他的文章《创造性自我》(The Creative Self)中写道。只要借用者"把它与自己的经历、想法和情感结合起来",并且"用自己的新方式表达",那么他所做的这一切都是美好的。

对于那些渴望创新的人来说,萨克斯的这句话应该是一种极大的宽慰。没有什么比走进一个安静的房间,尝试从无到有地变出某种"伟大的想法"更令人痛苦的了。但是,如果我们不需要从头开始创新,那么提出新想法的设想就不那么令人望而生畏了。灵感的源泉无处不在,我们有大量可以学习和摆弄的原材料,即使我们不太确定如何重塑它们。

如果我们接受这个概念,它就能部分回答我在哪儿能找到一个原创想法的问题。你在任何地方都可以很容易地找到原创想法的潜在来源。然而,当找到这些来源的时候,它们往往是以其他人的想法的形式存在的,所以它们不可能是你的(至少如果你渴望成为有原创性、创造性和有道德的人)。当法德尔和米兰达这样的创新者看到现有的想法,并受到启发去思考一些相关但完全不同的东西时,奇迹似乎就发生了。

为什么遇到的一些原材料能够激发我们的灵感,而其他的却不能呢?我们能找到那些激发我们灵感的素材吗?在某种程度上,这其中包含了随机性因素。米兰达评论说,在他决定命运的书店之旅中,他可能很轻易地就买了杜鲁门的传记(很难想象嘻哈音乐剧会从那儿产生)。

但是,似乎灵感更有可能来自特定类型的影响,这表明我们也许应该明智地引导自己朝着这些方向前进。我们倾向于被自己感兴趣的事物所启发，或者用更贴切的词语来说，以激发我们内心的东西，这些都不足为奇。但是也必须有以个人的眼光来接受和改进这件有趣的事情，改进它，或改变它的空间。

法德尔对恒温器很感兴趣，但也想到了更好的东西。米兰达对汉密尔顿的故事很感兴趣，但马上就想把它转变成符合他自己对故事情节的设想。你可以说法德尔和米兰达都对自己遇到的事情非常不满。他们将注意力集中在失去的东西可能是什么。他们想引出更复杂的事物。

另一种思考方法是，当你在寻找一个想法时，你不只是在寻找一个想法，从本质上说，你在寻找一个问题。

"问题的发现和创造……常常使有创造力的人与众不同。"希斯赞特米哈伊和他的同事、社会科学家雅各布·格策尔斯（Jacob Getzels）说。他们在研究中发现，最成功的艺术家倾向于利用现有的情况，寻找方法来重新创作。这些艺术家不太倾向于按照指示以直接的方式解决问题。"问题寻找者"会没事找事。创造的过程包含发现（甚至制造）问题，也可以用创造性的解决方案来解决问题。

发现问题与"有创造力的人应该尝试去思考那些完全成形的解决方案"的概念背道而驰。这种相悖表明，想法和解决方案将（有希望）自然而然地来，但问题才是出发点。问题寻找者审视他们周围的世界，专注于某些特定的事物（一种情况、一种现有的创造、一个主题）并深入探究：这里缺少什么？发生了什么不合理的事情？还有什么故事没有被讲出来？如何颠覆或让它以新形象示人？最关键的问题是：为什么我要解决这个问题，并把它变成我自己的问题？

米兰达被汉密尔顿的故事打动，是因为故事的主题（关于移民、文字的力量等）与他产生了深刻的共鸣。他对一位采访者说："它的一些东西抓住了我。"

这种感觉一定是很强烈的，但不一定是积极的：你可能会被一个问题困扰，因为它让你觉得难以接受。当被问及他创造力的来源时，法德尔把注意力集中在"挫败"这个词上，他补充道："我观察这个世界，看着不同的产品，然后问，'这个产品有什么问题吗？为什么没有更好的产品？'"在恒温器的例子中，让他感到沮丧的是，这个对人们来说非常重要的装置（经常被使用，人们依靠它来满足保暖的基本需求。）却存在设计不足的问题，并且长期得不到改变。

近年来，硅谷出现的许多创新故事涉及一些对日常问题感到沮丧的人，这些人将创造力应用到这些问题上——首先引入复杂因素，然后找到解决方案。奈飞、爱彼迎及许多初创企业都是这样诞生的。IDEO 公司的汤姆·凯利说，挫败感是创造和创新的丰富来源，所有人都应该尝试创建自己的"问题清单"，利用它记录日常生活中遇到的所有迫切需要改进的事物，并进行挖掘，然后在寻找创造性的解决方法时经常参考这张清单。

不管是困扰我们还是激发了我们想象力的东西，关注和捕捉任何让我们有所触动的东西都是很重要的。为了防止这些有价值的想法消失，凯利兄弟建议"有系统地捕捉想法"。戴维在淋浴间放了一块白板和一只记号笔，汤姆走到哪里都带着他的笔记本。但只写下你的想法还不够，你还必须定期回顾和思考。每个周末，汤姆都会问"我这周最有创意的想法是什么？"，答案就在他的笔记本里。

沃顿商学院心理学教授亚当·格兰特会做类似的事情，但方法略有不同。格兰特在笔记本上收集想法，每到周末他就把笔记转录成一份 Word 文档。"之后，每月一次，我会回顾我所有的创新笔记，"他说，"当我把同一个想法写了两三次时，这就说明了一些问题。如果我对它多次感到有兴趣的话，那就是个好兆头。"

事实上，当一个主意或想法在你的生活或工作中不断出现时，你也许应该问问自己："这是一个试图来找我的问题吗？"有时，一个题目可能会在你没有意识到的情况下伴随你左右。小说家丹尼斯·勒汉（Dennis Lehane）说自己"直到写第七本书时才意识到这一点，但每本书都有'什么是家庭、你如何定义家庭、是血缘造就家还是选择造就家'的问题"。

通过问"我一直想到的是什么"，我们可以开始识别已经存在的，并且等待被注意的想法和主题。如果我们能以某种方式看到不存在的东西，我们就可以找到更大的创新机会的来源。

这个世界缺失了什么

发现问题的困难在于，我们经常很难将它们视为问题，或根本无法注意到它们。就像法德尔的恒温器一样，问题无处不在，期待我们询问并着手解决。但是，当恒温器就在你面前时，你却可能因为对它太熟悉而几乎不会注意到它，这个问题就可能被忽视。

我们怎样才能更好地发现周围潜在的创新机会？汤姆·凯利认

为，我们应该更仔细地观察周围的世界。我们的目标是要看到熟悉的东西——不仅包括我们使用的产品，而且包括我们的工作方式、我们周围的人，甚至是我们上班经常走的路，就像第一次看到它们一样。当戴维·凯利在斯坦福大学教给学生如何发现难题时，他有时会把他们带到他们熟悉的地方，如加油站、机场或医院，并指示他们花时间静静地观察在那些地方发生的事情。他们总会注意到以前从未注意过的细节。

寻找灵感，你可以这样问：

- 是什么让我感到兴奋？想要找到一个值得你投入创造力努力去解决的"问题"，首先要有高度的兴趣——它触及对你很重要的事。

- 什么让我烦恼？挫败感是许多创新和创造突破的起点。

- 缺少什么？前一个问题可能集中在现有的问题或不足之处，这个问题聚焦在缺失的东西上——一个不存在但应该存在的产品、一个没有被解决的问题、一个没有被代表的观点。

- 我总是会回想起什么？注意那些反复出现在你工作甚至谈话中的主题。这可能是伟大想法正来找你的信号。

- 什么是再创造的成熟时机？它可以是一种产品，也可以是一个经典故事、一个主题或一种类型。

很多人没有注意到周围发生的细节变化的原因很简单，那就是我们"很快就停止了观察"，汤姆·凯利说。问题不在于我们观察了多久，而在于我们在观察的时候注意力集中在哪里。

斯坦福大学商学院教授鲍勃·萨顿（Bob Sutton）写了大量关于观察力的文章，他说，为了能看到更多，我们必须"将注意力从前景中的物体或模式转移到背景中"。

萨顿说，当你尝试改变视角时，从每天的行程和习惯行为中抽身是很有帮助的，问问题也可以帮助你转换视角。例如，你想近距离观察事物，要问的问题是："如果我第一次看到X，我会注意到什么？"

这个问题的另一种问法（同样的目标是试图获得一个新手视角）是：一个5岁的孩子会如何看待这个物体或情况？孩子可能会注意到什么？戴维·凯利推荐旅行者或访客视角。他说："当你旅行时，你会注意到每个细节，因为你正在探寻一个对你来说陌生的世界。"所以，当你早上沿着熟悉的路线去上班时，问问自己：一名游客会怎么看这条路？

"倾听和观察同样重要。"杰夫·贝佐斯说。当你试图在商业界"发现问题"时，请记住"顾客总是奇妙地感到特别不满意"。他们会发现所有业务中存在的问题，并且他们倾向于以某种方式表达这种不满。但是，如果企业中没有人听，那么问题就一直是"未被发现的"（一般来说，企业并不擅长发现问题，一项研究表明，85%的受访企业承认它们难以诊断自己的问题）。

即使是个体艺术家或作家也可以通过关注"顾客"的反馈来发现新问题。亚当·格兰特承认，他最近出版的作品的部分灵感来自他上一本书的读者讨论和提问。因此，创造力教练托德·亨利建议："看看你的作品然后问自己,我的书里什么地方最能引起读者共鸣?人们对我的作品有什么反应?"

转换思路,你可以这样问:

- 如果我是第一次遇到这种情况,我会注意到什么?用这种"新的视角"看待你的工作、周围的人和你每天上班走的路。

- 如果我站在桌子上呢?不一定按照字面意思去做,但是可以尝试改变你看事物的角度。

- 背景是什么?试着把注意力集中在那些被忽略或模糊的事物上。

- 这里有什么能吸引一个5岁的孩子或一名90岁的老人吗?

- 宋飞会被什么吸引?从一个喜剧视角去寻找矛盾。

- 史蒂夫·乔布斯会被什么困扰?从革新者的视角去看。

如果寻找问题有一个必问的问题,那大概就是:我们遗漏了什么?大多数问题的核心是缺乏一些东西。法德尔可以很容易地看出恒温器缺少什么(样式、可编程性、功能性),但问题并不总是那么明显,能被轻易看出来。缺少的可能是一些不存在的东西,你必须加以想象。亚历山大·汉密尔顿的故事缺少嘻哈节奏,米兰达花了很多的心思才弄明白。

任何提供产品或服务的企业都应该不断问自己还缺少什么?正如

IDEO 和其他机构所发现的，有时静静地观察那些使用产品或服务的人，看看他们可能在什么地方遇到问题，会更有效。这是一种在实际应用中真正发现缺失的东西的方法。

但是，我们缺失的东西也以不同的方式参与到我们的艺术创作中。企业家可能会询问现实世界中不存在什么（缺少什么），而艺术家可能会关注世界"缺少"什么，即我们都没有看到的东西，也就是更广阔的世界没有被意识到或被误解的故事的一个角度或一个侧面。如果艺术家能识别那个差距，那他就找到了一个好问题。

为什么这是我的问题

只是因为你发现了一个问题（或它已经发现了你），这是否意味着它是你追求创造性目标的正确问题？格兰特说，当他选定一个创新项目时，"我首先要问的是，我是否期待着思考这个话题？我可以对很多事情感兴趣，通常最初的能量来自新事物总是很有趣这一事实。所以我问自己，我愿意在这条路上坚持 6 个月还是 1 年？"

当问"明天我还会喜欢这个问题吗"时，这个过程中可能会有挫折和失败，这意味着你最好对这个项目有足够的热情来承受这些。

格兰特问的第二大问题是："我能在这里做出独特的贡献吗？""我曾经对任何我认为能帮上忙的事情说好，"他说，"现在我想知道，我能做些什么其他人做不到的事情。"

同样，法德尔在 Nest 项目一开始就问："这是一个我可以运用我所有技能的挑战吗？"他以前在苹果公司担任高级设计师的经历使他成为创造 iPhone 式恒温器的理想人选。同样，米兰达有不同寻常的天赋和经验（百老汇遇到嘻哈），让他为汉密尔顿项目做好了准备。

另一个问题是关于问题的"所有权"。这也许是个好主意，但你是唯一一个发现它的人吗？你能拥有它吗？如果你发现其他人也在寻求同样的机会，这并不意味着你应该放弃它，但它确实引发了另一个问题：如果其他人也在追寻同样的想法，我该怎么办？我的方法与其他人有何不同？

最后，还有一个关于潜在影响的问题。如果我真的解决了这个问题，会有什么好处呢？法德尔问了自己两个与此相关的问题：它（Nest）会不会与众不同？这是一项伟大的事业吗？一个问题聚焦于产品可能会对人们的生活产生积极影响，法德尔认为这可能是重要的。另一个问题是试图衡量商业需求是否足以支撑一项实质性的业务。

法德尔收集到的有关恒温器市场规模的数据显示，恒温器是有市场的。所有这些都是基于这样一个假设，即产品可以被很好地制造出来——这是一种最佳情况。当然，法德尔有可能无法做出他想象中的产品，但他依旧知道，如果他成功了，影响将是巨大的。

注意，法德尔的问题并不关注结果，如他可能赚的钱。最终钱的确来了——谷歌以 30 亿美元收购了 Nest，但法德尔早期的"水晶球"问题更多地集中在创造物对人和整个行业的潜在影响上。

02　创新问题清单

落实想法前,你可以这样问:

- 我可以提出这个问题吗?最好的问题就是你一个人注意到的问题。但如果别人也在追求它,这个问题就变成了:我的独创性在哪儿?

- 我可以带来什么别人带不来的?这与你脑海中的方法(那是你的特殊性)没有很大关系,更多的是关于你的才能、视角、经验及所有的能使你为这个创造的挑战做出独特的贡献。

- 明天我还会喜欢这个问题吗?这是一个"水晶球"问题。它要求你设想:随着时间的推移,你如何让自己依旧被这个主题和工作本身所吸引和并对他们保持热情的。

- 潜在的好处是什么?不要和预测结果混淆(这个想法会让我赚 100 万吗?),而是设想在最好的情况下,这个项目会产生的积极影响。

当你发现了自己的问题,并决定着手解决它时,你可以做一件意义重大的小事:把你的整体挑战组织成一个你可以问自己的好问题。如果你想创造一个像 iPhone 一样有吸引力的恒温器,问问自己:我如何才能创造一个像 iPhone 一样有吸引力的恒温器呢?把挑战看成一个问题,可以帮助开启思维的流动,因为你的思维(包括你的潜意识)无法抗拒回答一个已经提出的问题。

这不仅适用于产品创新,而且适用于艺术创作。作家谭恩美(Amy

Tan）曾说过，当她能够把自己正在研究的想法变成一个问题时，就能提供一个"焦点"，引导她完成创作。

在拥有了汉密尔顿的"问题"后，米兰达就沉浸在对这个人及其生活的研究中。他看了他能找到的所有东西，包括汉密尔顿的信。他与谢诺和其他专家进行了交谈，还去了汉密尔顿曾居住和写作的地方。他甚至去了汉密尔顿去世的决斗场。在这样做的过程中，米兰达为他的创造性思维找到了连接的原材料。

威廉玛丽学院的教育学教授金京熙（Kyung Hee Kim）在过去的25年里一直在研究创造力，她说，研究促进了创造力，在你产生新的、原创的想法之前，"你必须在一个特定的领域发展你的专业知识，这样你才能有大量的素材"得以借鉴。

看起来像是突然"尤里卡"[①]，德雷克塞尔大学的心理学教授约翰·库尼奥斯（John Kounios）指出："洞察是突然产生的，但它不是无中生有的。"你建立新关系的能力受到你所拥有的知识数量的限制或支持。因此，如果你的目标是获得新想法，你首先必须在任何你希望有创新性的领域做相关的功课。

在做研究的时候，关注"为什么"问题，这样可以更好地理解手头的问题或难题。这个问题为什么重要？它为什么会存在？为什么还没有人解决？现在为什么会改变？

[①] 尤里卡：原是古希腊语，意思是"好啊！有办法啦！"——编者注

这些问题不只适用于商业创新。你可以用类似的四个为什么来分析一个虚构角色的动机,例如:这个角色为什么重要?他为什么这么沮丧?他为什么没有做些事情来解决它?他为什么现在准备行动了?女演员劳拉·琳妮(Laura Linney)说过,在她第一次接到一个角色时,"我读了剧本,然后问'为什么',直到没有任何'为什么'可以问了"。

想理解问题,你可以这样问:

- 这个问题为什么很重要?通过深入研究分析谁受到影响以及如何受到影响来确定什么是利害攸关的。从整体效果和未来衍生物的角度考虑这个问题,从而弄清什么是重要的。

- 为什么存在这个问题?尝试找出这个问题的根源(这里可能需要更多的"为什么"来深挖根源)。

- 为什么它没有被解决?这会让你清醒地认识到你会碰到什么障碍物(并且会揭示以前的尝试和得到的教训)。

- 现在为什么会改变呢?什么样的条件和动力可以带来期望的改变。

通过问"为什么"和收集各种零碎的研究成果,接下来的往往是一个创新"潜伏期"。在这个阶段,零碎的成果汇聚在一起形成深刻的见解。这是一个需要深刻思考、专注力及有利环境的阶段。你不能在任何地方进行这种工作,潜伏期需要一个"巢",或者更确切地说是一个空间。

我可以在哪里创新

约翰·克利斯（John Cleese），伟大的英国喜剧演员，也是巨蟒飞行马戏团的创造者之一，他的第二职业是成功的商业领袖的创造力教练。几年前，当我听克利斯的一场创造力演讲时，我被他坚持的主张所震撼，他认为任何想要真正创造的创意人士必须定期逃到克利斯所说的"乌龟壳"——一个安静、安全的地方，在那里，你可以独自发挥想象力。克利斯建议在一段指定的时间进入"乌龟壳"，他说："时间到了，你才可以出来。"

受此启发，我当即着手寻找我自己的"乌龟壳"，最后来到了一间没有窗户、被石墙围着的地下室，这间地下室很快被命名为"洞穴"。我和其他几位作家一起租下了这座建造于维多利亚时期的豪宅底部的空间。我们定了一个日程表，这样每个人都可以在这个独立空间度过独立时光。一旦进入，就不可能发短信或发推特（忘记Wi-Fi吧，这里几乎没有信号），我们被迫停止阅读别人的作品或谈论自己的作品，除了写作什么都做不了。

我听从克利斯的建议，每次我都会设定一个固定的时间（通常是4小时）待在"乌龟壳"里，只有等到时间到了，我才会回到日光下。这听起来像是一种自我惩罚，可能偶尔的确会有这种感觉，但更多的时候，这是一种令人陶醉的、富有成效的体验。我在那里用了不到一年的时间就完成了一部著作，我的同伴，作家约瑟夫·华莱士（Joseph Wallace）也一样。华莱士当时正在写一部世界末日惊悚片的剧本，后来他跟我开玩笑说："如果外面的世界真的毁灭了，我可能都不知道。"

创造产生的地方似乎是偶然的，创造力也可以在任何时间、任何地点出现，但创造力通常需要创造者集中注意力，而这在今天正被不断分散注意力的力量包围着。人们对贝壳、洞穴或其他形式的避难所的需求从未如此大过。所以当询问我为什么要创造，我想创造什么之后，一定要问：我到底能在哪里创造？

答案因人而异。我的"乌龟壳"可能对《迪尔伯特》（*Dilbert*）的创作者斯科特·亚当斯（Scott Adams）不起作用。亚当斯说，他最好的作品都是在人群的喧闹声中完成的，如在咖啡店。

但是无论在哪里，你创作的地方必须允许你集中注意力。卡尔·纽波特在《深度工作》中说："全神贯注是新的智商。"正如纽波特所说，专心的敌人是注意力分散，它已经达到了流行的程度。纽波特和其他人观察到，注意力分散是社交媒体技术的一部分，这些技术的大部分被设计成"劫持你的注意力"，正是它使我们能够集中并控制自己的注意力。作家安德鲁·沙利文（Andrew Sullivan）观察到，"我们生活的空隙正有条不紊地被更多的刺激和噪声填满"，而且因为数码成瘾影响着从个人关系到工作效率的一切，我们"才开始意识到这些损失"。

它对创造力构成了特别的威胁。持续的干扰会使你无法集中精力——当然集中精力也是创造力的必要部分。源源不断涌入的信息、电子邮件和推文提供了一个与实践创造性工作相对的诱人选择。事实上，我们大多数人宁愿回复一封邮件，也不愿面对空白页面。我们想分散注意力。正如设计师斯蒂芬·萨格迈斯特（Stefan Sagmeister）所说，"回应比创造更容易"。

虽然关于这个问题的讨论越来越多，但数码娱乐并不会消失，所以我们必须发展个人的应对方式——保护我们思考和集中注意力的机会。可以用作家马修·克劳福德（Matthew Crawford）[①]提出的一个很好的问题开始：如果我们将注意力视为像空气和水一样的我们共同拥有的宝贵资源会怎样？这就引出了第二个问题，我该如何开始保护这一宝贵资源？

要做到这一点，纽波特建议我们调整在线时间与不在线时间的比例。他说："与其从数字媒体中抽身，我们不如允许自己偶尔休息一下，享受数字媒体的好处。"换言之，养成问这个重新构造的问题的习惯：我什么时候应该上个网休息一下？

对于那些不能使自己完全脱离网络的人，博客作家凯马里德·海建议问一个问题，如果我必须连接到互联网，至少我可以怎样控制自己？凯马里德提出了用自己的"技术"来减少对数字的依赖，并"保持自己专注于工作的能力"的建议。他的建议包括：为每个社交媒体账户和你的手机创建不同的长密码（这个想法是为了创建一个登录屏障，至少会减缓你的速度）；关闭所有通知；禁用 Facebook 新闻订阅；批量处理你的电子邮件收件箱（这样，电子邮件就可以一批一批送达，如一天发送三次）；将你的手机屏幕换成灰色（海坚持认为，没有颜色手机就不会那么令人上瘾）。如果以上方法都失败了，他建议"设置飞行模式"。

[①] 马修·克劳福德的《工匠哲学》结合了哲学理论和自己的亲身实践，让读者在充斥海量信息、分析成瘾的时代不役于物，重获自我，解决现代社会生活特有的"你为何会感到孤独"、经常漫无目的地刷手机等问题，并揭示其背后的症结所在，让读者可以利用"工匠哲学"真正地解决问题。这本书的中文简体字版已由湛庐引进，浙江人民出版社于 2020 年出版。——编者注

如果没有那些刺激，你会觉得无聊吗？也许吧，但这对你的创造力有好处。有研究表明，无聊的人往往会有更多的想法。无聊导致人做白日梦，这与创造性的顿悟有关。现在，我们做白日梦的时间不够多，心理学家桑迪·曼（Sandi Mann）说，因为"我们试图用移动设备来消除生活中的每个无聊时刻"，她补充说，"这就像吃垃圾食品"。

我的创新黄金时段是什么时候

根据约翰·克利斯的说法，拥有一个限制干扰的空间并不是培养创造力的唯一要求。他说，要让有创造力的人真正富有成效，你必须创造"时空屏障"。

深度创造性工作需要大量的时间。所需时间多少取决于个人。我倾向于工作时间不少于 3 个半小时，实际上，我只需要 3 个小时不间断的工作，但要花半个小时来准备茶点和文件——对于作家来说，这相当于一个人说话前清嗓子。

把这么多时间用在独自思考和创造性工作上，似乎是忙碌的人承受不起的奢侈品。硅谷风险投资家兼技术作家保罗·格雷厄姆（Paul Graham）曾分析过"创作者时间表"和"经理时间表"之间的区别。格雷厄姆说，创作者需要几个小时来发挥创造力，而经理则认为事情应该发生得更快，在半小时到一小时之间。那是因为创作者在制造，而经理在开会。或者回到萨格迈斯特的想法，创作者在创造，而经理在回应。前者比后者会花费更多的时间。如果你想更多地"制造"（创造），考虑一下这个问题："我怎样才能从一个经理时间表转移到一个创作者时间表呢？"

这并不容易。我们中的许多人会自然而然地以经理的风格填写日程表——日程表里有许多方格，专门用于标注特定的任务、会议、电话。日程表中任何未填写的部分都被认为是"空的"，我们试图用更多的任务和约定来填充这些空白。但丹·艾瑞里指出，当我们这样做时，我们就没有时间进行深度的创造性思考。"打开你的日程表，你会看到一个空白区域，这似乎是错误的。"他说，"事实上，空白的地方是你应该做最有意义的工作的时间。"其他所有填满日程表的事情才应该被视为可以牺牲的。所以，我们面临的挑战是：如何才能抑制填补空白的冲动？

创造力教练托德·亨利说，你必须有意识地"修剪藤蔓"。他指出，就像酿酒师必须剪掉一些好的果子，以便更好的果子可以获得所需的资源一样，创造力专业人士必须学会减少那些可能会干扰深入工作的项目活动和新项目。"如果我们把生活中所有的空白都填满了活动，如果我们不偶尔削减或拒绝一些事情的话，那么我们就没有创新或思考所需的空间，"亨利说，"我们不会有那些机缘巧合的时刻，也不会有那些悬而未决的领悟。"

在安排创造时间时，另一个需要解决的问题是："我的创新'黄金时间'是什么时候？"这也是一个因人而异的问题。丹尼尔·平克在《时机管理》①中建议，为了确定一天中什么时候你最有效率，你应该给自己做一个"流量测试"。测试包括每天记录你最有创造力的时期，从而找到一个规律。一旦你知道了你的创新黄金时段，平克说，试着重新安

---

① 在碎片化时代，如何充分发挥时间的价值是每个人关注的问题。丹尼尔·平克在他的《时机管理》中对此有精彩的探讨。这本书的中文简体字版已由湛庐引进，浙江教育出版社于 2018 年出版。——编者注

排你的一天以充分利用这些黄金时段。

通常,这就是一个二元对立的问题:我是白天活动的云雀还是夜晚出没的猫头鹰?那些回答"猫头鹰"的人请注意,你可能错过了一个对于许多艺术家来说富有创造力的时段。一项针对成功的画家、作家和音乐家的研究发现,72%的人在早上做得最好。

这是合情合理的。正如神经学研究所显示的,在大脑的潜意识里发生着惊人的事情——精神联结正在形成,想法正在不断地形成和转变。当睡觉和做梦时,你的潜意识就会活跃起来。还有什么时刻能比你刚醒来的时候能更好地发挥创造力呢?

早在20世纪30年代,作家多罗西娅·布兰德(Dorothea Brande)就写了一篇有说服力的文章,鼓励人们在早晨做创造性的工作,因为那时我们正在做"清醒的梦"。正如布兰德所说:"要充分利用潜意识,当潜意识处于支配地位时,开始你的创造工作。"布兰德建议,每天早晨比平时早半小时起床,"不要说话,不看晨报,开始写作"。当然,这个建议可以延伸到写作以外的任何创造力工作上:起床,去一个安静的地方,开始思考和捕捉想法。试着利用布兰德所说的美妙的"睡眠和清醒状态之间的黄昏地带"。

甚至在起床之前,你就可以通过召唤汤姆·凯利所说的"小睡灵感"来最大限度地延长你的唤醒时间。当闹钟响起时,你按下贪睡按钮,但不是回到睡眠状态,用10分钟来思考任何你在努力做的创造性项目。

如果你在约定的时间进入"龟壳",关上门,坐在椅子上……什么都没发生吗?实际上,这不是"如果"场景,而是现实。从事创造性项目最初的时刻(甚至是最初的一小时)往往是最困难的,放弃龟壳的诱惑可能是无法抗拒的。所以我要问的问题是:怎样才能坚持到最后不放弃呢?如果你的"龟壳"离家很远,这会有所帮助,这种情况会迫使你去旅行(即使只是几个街区),这使得你10分钟后就想离开的可能性降低了。

一般来说,这种想法是为了让逃离变得更加困难。被关在监狱里就能解决问题,你可能会问:我怎样才能把自己关在创造者的"监狱"里?这可能会需要计时器、锁上门,还有来自愿意站岗的人的严厉斥责。

当什么都没有生产出来的时候,待在"龟壳"(牢房)里可能会适得其反。伊丽莎白·吉尔伯特用厨房定时器设定了"监禁"45分钟的时间限制。"不管45分钟后发生什么,你都是自由的。"她告诉自己。"知道自己可以从中抽离会消除你大部分的焦虑,"吉尔伯特吐露,"通常情况下,我会花约37分钟闷闷不乐地看着时钟,但不管怎样,当你知道自己不必再这样下去的时候,你总会找到一些东西。"

在写作的时候,我发现自己把逃离时间延长了至少一个半小时。即使这样也不是完全放松,而是一种休息——也许是在自由世界走了半个小时,然后回到"龟壳"。无论如何,如果你想把自己关入创新的"监狱",就提前把这些细节弄清楚:我"提前释放"的时间是什么?我可以给自己一个短暂的休息吗?

当你努力创作时，偶尔离开"龟壳"休息（休息制度），也会有所帮助。我们有时会在散步或开车时有所顿悟，而不是在房间里绞尽脑汁时，这是有原因的。在寻找灵感的过程中，大脑有时需要空间漫游。宾夕法尼亚大学研究创造性思维的斯科特·巴里·考夫曼（Scott Barry Kaufman）教授说："如果你任由思绪飘荡思考其他事情，比在这个任务上竭尽一切有更多的机会得到灵感。"

所以，当你被"卡住"的时候，你可以把"龟壳"想象成便携式的，起来散散步。你还可以去兜风、洗个澡（"洗澡时的想法"已经变成了陈词滥调）、修剪草坪或洗碗。有创意专家说，照料花园是许多艺术家的最爱。还有一些更不寻常的消遣方式：摇滚音乐家迈克尔·斯蒂普（Michael Stipe）在迷宫中漫步时，脑海中谱写了很多摇滚经典歌曲。

这些活动的共同点是，它们都是潜意识的重复性任务，让你在没有意识到自己在思考的情况下进行思考。根据斯科特·亚当斯的说法，人们需要的是"不会分散注意力的消遣"。所以，问问自己："什么活动会让我分散一点儿注意力，但又不会太多？"

当离开"龟壳"寻找振奋人心的灵感时，要谨慎行事。从创作的角度来看什么是"振奋人心"和"分散注意力"，这两者之间似乎有一条明显的界线。例如，当你把自己交给他人，去看电影可能更分散你对自己创造性思维的注意力（登录社交媒体亦是如此）。一个刺激创造力的环境会给你带来灵感，但仍然会给你留下思考自己想法的空间。最好的情况是，它可能会引导你把别人的想法和自己的想法联系起来。许多地方可以提供这种刺激，如书店或图书馆。广告创意界的传奇人物乔治·路易斯（George Lois）给了一个万无一失的选择：去博物馆。"博物馆是顿悟的守护者。"

尽管偶尔需要提前离开或休息,但在你自己的"龟壳"里还是有美妙的东西的。正如作家威廉·德雷谢维奇(William Deresiewicz)所说,现在是时候逃离"听不到自己声音的不和谐音"了。这是一个"拔掉插头"的时代,这时你感到自己正在成为更好的自己,那个用想象、推理、连接来构建事物的自我。同时,你需要准备好面对死亡和毁灭的时刻。

找不到时间创作,你可以这样问:

- 如果我将注意力视为宝贵的资源,我该如何更好地保护它?

- 我该如何从"经理时间表"转换为"创作者时间表"?前者试图用各种约定填充每小时,后者有数小时不被打扰的时间段。

- 我是在修剪藤蔓吗?如果你要同时处理很多项目和消遣,可以考虑削减较不重要的项目,为主要项目提供更多的时间。

- 如果我把晨报换成"晨间缪斯"呢?早上可能是创造性的黄金时间,所以跳过晨报,直接从床上走到"龟壳"里。

- 如果反转现状,不在社交媒体中休息会怎样?花更多的时间与外界隔绝,并且在社交媒体上休息。

我能创造出我能创造的东西吗

对于小说家安·帕奇特（Ann Patchett）来说，一切总是以同样的方式开始：创作一本新书的想法开始在她脑海中形成，这是"一件难以形容的美好事情"。她确信这将是她或其他人写过的最好的书。她要做的就是"把它写在纸上，然后每个人都能看到我所看到的美丽"。所以，当她终于不能再推迟时，"我伸手从空中摘下蝴蝶。我把它从我的脑子里拿出来，按在桌子上，然后在那里，我用自己的双手杀了它"。

帕奇特写道，她不想扼杀它，但要让一部真正的小说栩栩如生，唯一的办法就是先捕捉到她脑海中闪动的画面，然后把它钉在书页上。当她这样做的时候，"这个生物的所有美好——所有的颜色、光和运动，都消失了"。

帕奇特将她写作过程中痛苦的早期阶段呈现在《幸福婚姻的故事》（*This is the Story of a Happy Marriage*）中，它应该引起任何曾试图创造一个美好的、看似完美的想法的人的共鸣。实际的、有形的创造很难实现愿景。这种差异在尝试将一个想法变成现实的第一阶段尤为明显，当创造某种东西的努力可能是笨拙和误导的时候，这会令人非常沮丧，以至于帕奇特认为这就是为什么许多人永远无法写出他们脑海中的"伟大小说"。她写道："只有少数人能够用想象中的鲜活之美来换取文字的局限性，从而让自己心碎。"

因此，在开始琢磨一个想法时必须要问的问题是：我能忍受想象和现实之间的这种差异吗？或者用帕奇特的话说，如果我不能创造我梦寐以求的东西，那么我至少可以创造出我能创造的东西吗？

帕奇特认为，只要我们愿意接受自己的不足，我们就可以做到。创新的初始阶段是如此的卑微和令人沮丧，以至于它可能导致创新者立即放弃或无限期拖延。

你可能会受到从一个想法跳到另一个想法的诱惑，这种诱惑如同一只崭新的蝴蝶，完美却无法触及。创意咨询公司 Behance 的负责人、《想到做到》（*Making Ideas Happen*）的作者斯科特·贝尔斯基（Scott Belsky）说，这种"蝴蝶跳跃"现象会阻碍创意人士充分发挥创造力。"思想过剩就像思想枯竭一样危险。"贝尔斯基说，"从一个想法跳到另一个想法的倾向会将你的能量水平传播，而不是纵向传播。"

贝尔斯基说，为了阻止这种"跳跃"，你必须为你的每个想法制定清晰的行动路线，这个路线迫使你保持专注并继续采取下一步行动。有创造力的人往往对组织过程有一种内在的抗拒；我们更愿意设想下一个想法，这就是为什么如此多的想法从来没有从"想"的阶段进入"行动"阶段。但贝尔斯基坚持认为，你认真对待的每个想法都应该被视为一个正式的工作项目。为了让这个项目不断向前推进，就要不断地思考并写下接下来要采取的"行动"。

坚持想法需要自制力。有时你会陷入"困境"，难以推进一个想法，有时你会觉得厌倦。在创造力发展的这些困难阶段，回到创造力产生的更有趣的阶段很诱人。但正如贝尔斯基所指出的，任何人都能想出好点子。你要问自己的问题是：我有能力让这个想法成真吗？

另一个需要考虑的问题是：当我开始思考时，谁会追究我的责任？贝尔斯基建议围绕你正在研究的想法建立给予帮助的团队，这样可以帮助你渡过难关。如果你陷入困境，你可以向团队寻求建议或帮助。如果其他人对你的项目有兴趣或与你的项目有利益关系，他们很可能会鼓励（或迫使）你在遇到那些偶尔的卡点时继续前进。美国的"全国小说写作月"（*National Novel Writing Month*）活动的负责人克利斯·巴蒂（Chris Baty）说："你自己悄悄做的项目更容易被放弃。"

尽管为创造性的写作做准备很重要，例如，找到并建立你的工作空间编写初步研究报告，但准备创作的行为很容易成为一种拖延行为。布鲁斯·莫（Bruce Mau）分享了一个他朋友的故事，他的这个朋友是位作家，即将雄心勃勃地开始新书创作。"他一直都在准备开始，"布鲁斯·莫说，"永远都在整理他的书架和办公室。"这样当他开始写作的时候，所有东西都在他需要的位置。唯一的问题是他从来没有开始过。

如果你发现自己被卷入了漫长的准备过程——参加速成班，阅读所有你能找到的关于这个主题的书籍和文章，收集文件，一定要问问自己：我是不是在重复整理书架？关键是要训练自己，当自己用过多的准备来延迟可怕又不可避免地面对空白页面、空画布或一片空白的电脑屏幕时，你就能意识到这一点。

这是一个棘手的问题，因为当你开始做一个创意项目时，你可能就需要做一些研究。但是，互联网时代的研究可以永远持续下去。总会有更多需要调查的。《延展》（*Stretch*）的作者斯科特·索南沙因（Scott Sonenshein）说，如果我们养成了问"我能用我所拥有的做什么"的习惯，它使我们能够"绕过等待得到更多以便做更多的麻痹陷阱"。

与其试图预先做详尽的准备，不如尽早开始实际工作，即使你必须在知识有限的情况下开始，而不是迟一些。问问自己：我要怎样做才能实现我的想法？在设计方面，这被称为原型设计，它可以采用多种形式：通过做一幅草图、一个大纲、一篇摘要、一个快速制作的网站。任何一种都可以作为起点。

如果我允许自己不受地点限制随时开始会怎么样

设计师布鲁斯·莫说，他听到年轻人开始一个创新项目时常感叹，"我不知道从哪里开始"。莫分享了一句来自特立独行的作曲家约翰·凯奇的名言来回答这个问题："从任何地方开始。"凯奇的建议适用于所有创造者。不要为寻找完美的起点——精彩的开场白、激动人心的音乐序曲而绞尽脑汁。从你现在拥有的一切开始，即使它只是一个片面的想法、一个不完整或有缺陷的原型、一个没有开头或结尾的故事片段。问问自己：如果我允许自己从任意地方开始会怎样？

众所周知，作家在书的开头喜欢只用一句话引用或描述一幅突然出现在他们脑海中的画面，这句话是从他们还没有构想好的故事中浮现出来的。我最喜欢的例子是关于图书编辑转行为作家的威廉·麦克弗森（William Mcpherson）的，他开始写自己的第一部小说是因为有一天在上班路上，一个女子练习挥动高尔夫球杆的画面浮现在他脑海中。他说："我清晰而强烈地看到了这一切，我甚至摆脱不了它。"因此，他写下了关于这一场景的描述，这成为他1984年备受赞誉的小说《试流》（Testing the Current）的起点。

正如麦克弗森所发现的，如果你能通过记录、描绘的方式赋予它形式,捕捉你脑海中浮现的想法片段,那么就有一些东西可以构建。不管它来自故事的中间还是结尾,都是一个开始。

如果从任意地方开始都可以,那么一开始就很糟糕也是一个开始。第一次努力赋予想法形式不一定有好结果。当你继续工作时,它很可能会被修改或废弃。IDEO公司的汤姆·凯利提出了这样一个开始的问题:如果我降低标准会怎么样?要允许自己从一些粗糙的、不完美的,甚至是糟糕的事情开始。

汤姆·凯利引用了独立电影《恋恋书中人》(*Ruby Sparks*)中一个最著名的场景,在那个场景中,一位有创作障碍的作家收到一条开始写随便什么东西的建议。"可以是糟糕吗?"作家问道。当被告知可以的时候,他就开始胡思乱想。但很快他就开始改变和改进他的作品,把它变成了好作品。

神经科学家罗伯特·伯顿(Robert Burton)说,这种场景经常发生在现实生活中。伯顿解释说,如果你的大脑转换到"关闭编辑"的思维模式,"并且你愿意随便写什么东西,不去考虑它是否有用,新的想法就会出现"。

创作遇到瓶颈,你可以这样问:

- 我在追逐蝴蝶吗?意思是你在不停地产生新想法而不是推进现有的项目。为了实现一个想法,你必须选择一只蝴蝶,然后把它抓住。

- 谁会追究我的责任？与别人分享你的想法，并安排一系列小的可交付的成果。

- 我是不是在重复整理书架？这指"准备创造"，这一行为可能包括建立一个工作空间、上课或做研究，任何一个都好，只要不是为了拖延。

- 我该如何降低标准？自己愿意从普通甚至不好的事物开始，而不是试图从一开始就追求卓越。

- 我从哪里开始呢？如果你一直在想开始，从中间、结尾或任意一点都可以。

- 我可以创建一个雏形吗？找到一个方法来赋予你的想法基本的样子（大纲、草图、拼贴品、测试版网站）。

我如何脱离"卡住"的困境

在创造的早期阶段和后期阶段，摆脱困境的方法之一就是提问，以尝试从不同的角度了解你正在创作的东西。亚当·格兰特说，他在创作新书或研究新项目时会用到这个技巧。

"我经常问自己，谁会从不同的角度看待这个问题？"格兰特说，"而且我的头脑中有一群人，他们因想法的独创性令我钦佩，所以我试图从他们的角度出发来处理我正在做的工作。"

当格兰特做这个练习时，他有时会试着从那些可能与他手头的问题有特殊联系的人的角度来看问题。但他也试图挖掘出"我所钦佩的原创思想家"的观点。"我最喜欢的一些研究项目是从问林肯在这种情况下会怎么想开始的。"

格兰特也试图改变自己的观点:"我使用的另一个问题是,如果我10年或20年前就试图解决这个问题,我会以何种方式来处理它?"我也会在精神穿越时问自己,想象未来的自己,10年或20年后,我会如何看待这个问题?过去的我帮助我摆脱了自己的臆断。我喜欢先去"过去",再去"未来"。

另一种开启创造力的技巧是在项目开始时尝试思考"错误的想法"。创意工作坊负责人汤姆·莫纳汉(Tom Monahan)采用了一种名为"180度思考"的方法,即"你先做错的事情,然后看看你是否能把坏事变成好事"。莫纳汉说。在练习中,你可能会问自己:如果我试图造一辆无法移动的汽车会怎样?或是一个不能做饭的烤箱呢?

这个颠倒的过程迫使你的思维偏离了常规的解决问题和发挥创造性的思维模式。这样做可以激发出一些想法和见解,否则,这些想法和见解可能不会浮出水面。如果你有目的地开始犯错,你的想法可能会更有趣,也更"正确"。

一个创意项目的开始阶段并不是人们唯一被"卡住"的点,项目中途可能更容易被"卡住"。到那时候,早期的热情可能已经消退,但结束却遥遥无期。

在对创作过程的研究中，格兰特描述了引发创作者不同情绪反应的六个阶段。第一阶段充满活力和乐观（"太棒了"），之后是更现实的第二阶段（"这很棘手"），随后进入了可怕的第三阶段（"这很糟糕"），紧接着是第四阶段（"我是废物"）。如果创作者从那个坑里爬出来，他们就会进入第五阶段（"这也许没问题"），最后就是第六阶段（"这太棒了"）。

为了克服危险的第三阶段和第四阶段，格兰特建议用自问自答来挑战这些夸张的负面情绪，并设计问题指向对证据和过去经验的理性检验。"我想问自己的第一个问题是：我以前解决过这样的问题吗？"除非你是个新手，否则你很可能有证据证明自己以前做过，这意味着你可以再做一次。

格兰特补充道："我的另一个问题是，像我这样有动力和能力的人是否也能完成类似的事情？我认识很多写过书的人。你想想自己认识的所有在设法做同样困难的事情的人，如果他们能做到，你也能做到。"

如果你能从创作过程中艰难的中间阶段坚持下来，那么当你接近完成的时候，自信和热情就会回来。的确，完成一个项目，再加上最后的调整和修饰，可能会令人非常满意，以至于你可能都不希望它结束。此外，你可能不愿意把你完成的工作从龟壳中带到外面的世界。

我准备好公开了吗

几年前，我在广告行业做过报道，报道过一些以创意闻名的广告公司，还有一些以制作可预测的、平淡无奇的广告而闻名的广告公司。我注意到，在创意较弱的广告公司，人们更倾向于保护自己的想法，使其尽可能长时间地保持锁定状态，担心隔壁的人会抄袭这个想法从而抢走功劳。

但在更具创意的公司，如著名的李岱艾（TBWA/Chiat/Day），创意很快就会被贴到墙上。长期担任广告公司创意总监的李·克洛（Lee Clow）认为，一个好的创意应该经得起推敲，而创意的创造者可能会从其他人的评论和建议中获益。至于有人窃取对方的想法，克洛解释说，一旦一个想法被贴到墙上，就很难被偷走，因为每个人都知道是谁把它贴在墙上的。此外，在李岱艾，没有人想窃取创意，因为提出想法有太多的乐趣了。

我认为，对任何领域或学科的大多数有创造力的人来说，李岱艾的模式更适合那些已经完成甚至部分完成的创造性工作。把它从抽屉里拿出来贴到墙上，让别人都看到。采取标准的预防措施（如果适当且相对容易获得版权，为什么不这样做？），但不要因为害怕有人会窃取或批评你的想法而退缩。

作家兼营销大师塞思·戈丁（Seth Godin）经常使用一个词，而且很有说服力，这个词就是"运输"。正如戈丁所见，太多人不愿意或不能分享他们的项目、梦想和创造。他们对把自己的想法公之于众后会发生什么持谨慎态度，他们害怕推出想法。

这种恐惧是可以理解的。"推出想法充满风险和危险。"戈丁在他长期运营的博客"塞思的博客"中写道。"每次你举手、发邮件、发布产品或提出建议，你都是在让自己受到评价。"如果你推出了想法，戈丁补充道，"你可能会失败。如果你要推出想法，我们可能会嘲笑你。"但这是你作为一个有创造力的人必须抓住的机会，因为，正如戈丁所说："真正的艺术家会推出想法。"

而且最成功的创造者往往会经常表达。在当今激烈的市场竞争中，你的创意越多，你得到的机会就越多。创造力研究员迪安·基思·西蒙顿（Dean Keith Simonton）对成功的、有创造力的人进行了研究。他说，"创造力是一如既往探索的结果。最成功的创造者往往是那些失败最多的人。

为了能够经常推出，你必须愿意尽早推出。马克·扎克伯格说："我们在墙上写着'完成比完美更重要'，以此来提醒自己要不断推出。"扎克伯格提到了创造事物的"黑客方式"，包括"从较小的迭代中快速发布和学习，而不是一下子把一切都做好"。

对于科技公司来说，这不是什么新理念。1984年，苹果公司的麦金塔计算机面世时，负责营销的盖伊川崎说，苹果公司本可以不推出这款产品，继续努力使产品变得完美，"但如果你等待理想的环境……市场就会超过你"，所以苹果公司没有等待。"革命性意味着你要先出货再测试，"川崎说，"1984年的第一台Mac由于很多原因变成了一堆垃圾，但这是一堆革命性的垃圾。"

我想要完成还是完善

与愿意接受失败同样重要的是愿意接受反馈。《感谢反馈》（*Thanks*

for the Feedback）作者道格拉斯·斯通（Douglas Stone）和希拉·汉（Sheila Heen）与哈佛大学谈项目合作。"感谢他们的反馈，"他们指出，"我们大多数人对反馈都有一种内在的抵触情绪。"根据作者的说法，我们强烈地希望"我们以现在的样子感到被接受、被尊重和安全"。当然，我们可以接受正面的反馈，告诉我们我们的工作很好，但批判性的反馈就是另一回事了。

然而，正如亚当·格兰特所指出的："改进的唯一方法是得到负面反馈，所以如果你决定不去寻求批评，你就放弃了自己，继续保持目前的技能水平。这对我来说是令人沮丧的。"

格兰特指出，从事创意项目的人往往过度专注于完成它，他们可能担心批评性的反馈会迫使他们不得不从头开始。但这意味着他们关注的是错误的问题，格兰特说："关键问题不是'我怎样才能完成这个项目'，而是'我怎样才能使它变得更好'。"就后者而言，反馈是必要的。

为了说服他的学生更开放地接受反馈，格兰特有时会问他们："你的目标是保持目前的技能水平还是要提高？"他说，当问题以这种方式提出时，几乎每个人都会选择改进和反馈。

汤姆·凯利指出，让自己变得更善于接受反馈的一个方法是把它当作一份礼物，事实上，它就是一份礼物。反馈者投入了自己的时间和精力来帮助你创造最佳结果。如果反馈是真诚的，来自你信任的人，那么问问你自己：为什么我要拒绝接受这份礼物？

在寻找合适的人为你的工作提供反馈时，寻找那些尊重且完全站在你这边的人。问问自己，谁是我信任的意见提供者？汤姆·凯利说，当你找到一些候选人后，"建立你自己的咨询委员会"。你越早把你的作品交给"咨询委员会"越好；他们的早期介入可以避免你浪费时间去润色和调整那些实际上需要返工的东西。

请求反馈时要真诚。作家夸姆·道斯说："如果你知道反馈会遭到自己的抵制或拒绝，那就只要求积极的反馈。"可能你想要的只是"鼓励自己继续下去，如果是的话，那就说出来"。

另外，如果你真的对批评性的反馈感兴趣，那就明确地提出要求，这是所有反馈中最有价值的一种。当资深喜剧演员、电影《别犹豫》（*Don't Think Twice*）的导演迈克·比尔比利亚（Mike Birbiglia）为自己的电影寻求反馈时，"我会让我的朋友们全喝醉，然后问他们一些清醒时难以回答的问题，如你最不喜欢剧本的哪部分"。

比尔比利亚补充道："我已经了解到，如果你知道自己想要传达的东西的本质，严厉的反馈、建设性的反馈，甚至是奇怪的随机反馈都是有帮助的。"

那你怎么知道什么时候该听别人的，什么时候该听自己的呢？儿童图书作家劳雷尔·斯奈德（Laurel Snyder）说，有一次，一个小女孩问她这个问题，斯奈德"完全被这个问题难住了"。并没有一个简单的答案，但是当反馈者建议你对你的工作做出重大改变时，问问你自己：这些反馈是建议我改变自己的愿景，还是只改进实施部分呢？对前者保持警惕，对后者更容易接受。

02 创新问题清单

在这一点上,比尔比利亚分享了他从导演罗恩·霍华德(Ron Howard)那里学到的一个反馈技巧:当霍华德向观众展示他的电影的粗略剪辑时,"他这样做并不是为了知道拍电影的愿景是什么,而是为了了解他的愿景是否传达到了,如果没有,他会做出改变"。换言之,霍华德知道自己想说什么,但他愿意接受反馈,看他是否表达得足够清楚。最重要的反馈问题之一不是我的想法好吗(相信自己的直觉)?而是简单地,我是不是传达了想法?

反馈往往不是指定的。根据皮克斯执行官埃德·卡特穆尔(Ed Catmull)的说法:"一条好的批注能说明什么是错的,什么是缺失的,什么是没有意义的。"它关注的是问题,而不是解决方案。但是,如果你对如何解决问题或做出改变的建议持开放态度,那就去问:"我想知道如何改进 X 或 Y,你建议我尝试什么?"回到汤姆·凯利之前的观点,你不必遵循反馈建议,因此从可信的来源获得尽可能多的反馈是没有坏处的。

反馈专家斯通和汉认为,以"自信和好奇心"对待工作反馈是很重要的。他们还建议,在你收到反馈后,应该立即对自己的反应进行评估甚至打分,你可以问自己:"我对反馈的接受程度如何?"

想要有用的反馈,你可以这样问:

- 我传递了我的想法吗?不需要用反馈改变你的基本想法,只是看它有没有被清楚地表示和理解。

- 你最不喜欢哪部分?问这个问题需要一些勇气,但是它很

- 重要，因为它允许对方提出真诚的批评。同时它也关注最大的问题可能的所在地。

- 然后还有什么？这个问题又被称为"敬畏"问题（第 3 章会详细讲述）。它旨在提取额外的批判，往往会产生更深刻的洞悉。

- 你建议我做什么？好的反馈通常会告诉你哪里出了问题或缺少什么，但不一定会提供解决方案。可以用提问的方式从反馈者那里套出来更多的信息。

我该如何保持灵感

当你发现了一个值得追寻的问题，退回你的"龟壳"里，设法从任何地方开始，从创造力中间的"吸吮阶段"存活下来，对反馈做出回应，最后，"运输"你完成的工作到外界，接下来的工作可能不是你能控制的。但是不管发生什么事，一个新的问题正等待被发现，于是整套创新循环又重新开始了。

随着时间的推移，你不断进行新的创新工作，一个新的挑战出现了：如何保持灵感，并保持对工作的新鲜感。对于那些长期从事创造性工作的人来说，保持灵感的最佳方式是不断地再创造。

早在 20 世纪 90 年代中期，年轻的喜剧演员乔恩·斯图尔特（Jon Stewart）采访了年迈的喜剧演员乔治·卡林，斯图尔特问卡林，是什么促使他不断创作原创作品并改变自己的表演的。换言之，卡林为什不继续他有声望和现有的喜剧模式呢？卡林解释说："一个艺术家有义务让自己始终处于追寻的途中。这其中包括一段旅程，你不知道要去哪里，不过这才是乐趣所在。所以你总是在观察、寻找和尝试挑战自己。它让你保持新鲜感，尝试成就新事物。"

众所周知，卡林经常扔掉所有现有的材料，然后从空白页开始。他从未停止过寻找新话题和尝试新方法。他的女儿凯利·卡林（Kelly Carlin）说，她相信，正是父亲不断"重新开始"的意愿使他能够在五六十岁依旧保持影响力和受欢迎程度，这在喜剧演员中是罕见的。"放下过去的成功是令人恐惧的，但他相信，无论是什么使他到了那个位置，放下成功、重新开始都会引领他到下一个位置。"

研究表明，远离你所知道的一切对你的创造力有好处。事实上，我们在一个地方待得越久，我们在一个领域获得和掌握的专业知识越多，我们的创造力就越差。"随着专业知识的增加，创造性的产出往往会下降。"不是因为专家不会提出新的想法，而是因为他们所有的经验使他们"更擅长提出'新想法行不通'的原因"。《创造力的神话》的作者戴维·布尔库什说，一个底线是：要保持创造性，你必须像新手一样思考和行动，不断去发现。

一个仍处于"途中"的有创造力的人会接触更多样化的想法和影响，最终会为那些形成新想法的精神联系和"明智的重组"提供更丰富的素材。

怎样才能一直远离你已经知道的东西？最简单的方法就是跟随你的好奇心。伊丽莎白·吉尔伯特在一次赞美"好奇驱动的生活"的演讲中分享了一个关于风镐和蜂鸟的奇妙的比喻：那些表现得像风镐的人专注于一件事，钻得越来越深；那些像蜂鸟的人追随他们的好奇心"从一棵树到另一棵树，从一朵花到另一朵花"，不断地尝试。

那么，一个有创造力的人应该更像蜂鸟还是风镐？这可能取决于你在工作中处于什么阶段。好奇心可以成为创造灵感的绝佳来源，它会不断地引导你产生新的想法，但也可能会对你的工作不利。如果好奇心不集中（或者用研究人员所用的术语"分散性"），它会让你在树与树之间、想法与想法之间、主题与主题之间无休止地跳跃，从不在任何事情上挖掘太深，因为你很快就会被其他东西分散注意力。另外，专注（或"认知"）的好奇心会让你想了解更多，并在一个单一的迷人主题上更深入地挖掘。

要想让你的创造性工作既富有成效又不可预测，你需要长时间地专注好奇心，钻研一个项目直到完成，偶尔迸发出各种各样的好奇心，这会促使你找到全新的、与众不同的东西。关键是要知道什么时候该换什么模式。在一个创造的职业生涯中，你可能需要定期问自己：现在是时候当风镐还是蜂鸟呢？

从成功的工作中抽身出来是不容易的，事实上，这也是令人恐惧的。U2 乐队的主唱保罗·大卫·休森描述了 1990 年 U2 努力从一种音乐风格转向另一种音乐风格的感受。他说："在进入下一个表达方式之前，你必须先拒绝乐队的一个表达方式。""在两者之间，你什么都没有。你必须全力以赴。"

但那些能够长期保持有吸引力和相关性的创造者似乎在"中间"领

域很自在。鲍勃·迪伦可能就是这种创造性革新的大师；他已经"在路上"半个世纪了。

弗里德曼指出："为了吸引新一代的音乐迷，他重塑了自己的表演方式。"他并没有每隔一两年改变一次，而是开始了"永无止境的旅程"，每年在全世界演出 100 场，"甚至出现在小联盟的棒球场上"。用托德·海恩斯（Todd Haynes）的话说，"当你试图抓住迪伦的时候，他已经不在原地了"。

也许最令人难忘的转变发生在 1965 年年初，当时迪伦在纽波特民间音乐节上插上了一把电吉他，引起了观众的嘘声，他们希望他继续演奏那些使他成名的民谣。这在当时似乎是一种冒险，但它使迪伦逐渐淡出了民谣风格，转向蓬勃发展的电子摇滚风格。

每隔一段时间人们就会问：我怎样才能令人激动？让作品适应新的品味、格式和技术。已故小说家厄休拉·K. 勒吉恩（Ursula K. Le Guin）就是如此，她在 81 岁时注册了自己的博客。这让她有机会接触新的观众，尝试新媒体，并保持流行。

这种新媒体还为厄休拉·K. 勒吉恩提供了一个试验写作的场所——因为你可以在博客上尝试一些你在书中做不到的事情。这就提出了最后一点，在思考如何保持"前进"时要牢记，为了确保你的创造性工作随着时间的推移而发展，你可能需要一个地方来尝试新的方法和实验。问问自己，我的培养皿在哪里？

这个问题是商业顾问蒂姆·奥格尔维（Tim Ogilvie）最喜欢的，他坚持认为公司应该指定一些领域，让人们能够从工作场所的日常压力和办公室政治中抽离出来，以探索先进的观念和方法（公司的培养皿可能采用内部创新实验室的形式）。但奥格尔维的问题也适用于个人创造者，他们可能需要找到一个低风险的项目或平台，或者一个观众较少的舞台，在那里他们可以尝试一些新东西。

想保持灵感，你可以这样问：

- 我怎么能一直远离我所知的东西？为了避免在工作中成为一个"舒适的专家"，请跟随你的好奇心。

- 是时候成为风镐或蜂鸟了？蜂鸟不停地降落在新的地方，风镐在一个地方钻得很深。

- 我愿意放弃什么？为了保持工作的新鲜感，你必须放弃一些东西：可靠的材料、成熟的方法、熟悉的场地。

- 我该如何像纽波特的迪伦一样"电子化"？一个有创造力的人应当认识到时代在改变，并拥抱新的风格、品味、形式和技术。

- 我的培养皿在哪里？为了验证你的工作，你可能需要一个安全的地方。

在试验中，有个实验室合作伙伴可能很有用。凯利兄弟指出，一个创造性的支持网络可以帮助你探索新的可能性，并提供实验工作的反馈。他们建议："牵头建立一个每月开一次会的创意信心小组。"

当你召开这个小组会议时，带上并分享一些这个部分的创造性问题。虽然大多数问题都是为自己设计的，但当富有创造力的人相互提问或当问题被一个小组共同考虑和讨论时，这些问题也是有效的。

如果你尚未认识足够多的人来组建一个有创造力的信心小组，那么你可能需要努力与其他志同道合的灵魂建立联系。下一章将探讨如何运用提问来扩大你的交际圈和深化你的人际关系。

提问贴士

1. 想要产生好的创意，你需要找到你的"洞穴"，并潜伏起来，离开网络，让那里成为一个只能专心创作的地方。

2. 为了确定一天中你什么时候最有效率，你应该给自己一个"流量测试"。测试包括每天记录你最有创造力的时间段，找到规律。一旦你掌握了你的创意黄金时段，你就可以试着重新安排你的一天来利用这些黄金时段。

3. 你必须为你的每个想法制定一个清晰的行动方案，这个方案会迫使你保持专注并继续采取下一步行动，从梦想阶段进入实行阶段。

4. 不要为寻找一段精彩的开场白、激动人心的音乐序曲等"完美的起点"而绞尽脑汁，要从你现在拥有的一切开始，即使它是一个局部的想法、一个不完整或有缺陷的原型，或者是一个没有开始或结束的中间的故事。

5. 如果你有目的地开始犯错，你的想法可能会更有趣，因此也更"正确"。

6. 在寻找合适的人对你的工作提供反馈的过程中，寻找那些你尊重且完全站在你这边的人，"建立你自己的咨询委员会"，他们的早期介入可以帮助你避免浪费时间润色和调整一些实际需要返工的东西。
7. 如何保持有灵感，并确保对工作保持新鲜？答案是不断地再创造。

THE BOOK OF BEAUTIFUL

03

沟通问题
清单

QUESTIONS

为什么要与他人建立连接

50年前的一天,加州大学伯克利分校的两名心理学学生阿瑟·阿伦(Arthur Aron)和伊莱恩·斯波尔丁(Elaine Spaulding)在自习室门前亲吻了一下,随即坠入爱河。这段经历不仅让他们对彼此着迷(他们一直生活在一起,现在已经结婚),而且让他们对爱情本身着迷。当时,阿伦正在寻找一个研究课题,他灵机一动:为什么不做一个关于浪漫爱情的研究呢?在包括斯波尔丁在内的其他研究人员的帮助下,他踏上了一段旅程,试图回答这个问题:在实验室环境下,我们怎样才能找到一种方法,在陌生人之间顷刻建立亲密关系?

他把几对陌生人带进了他的实验室,创造条件让他们彼此喜欢甚至相爱。渐渐地,阿伦发现了一种似乎能够产生预期效果的强大力量:并不是什么爱情药剂,而是一系列设计巧妙的、有策略的问题。阿伦会给每对参与实验的人一份相同问题的清单,然后每对陌生人轮流问对方问题并做出回答。

总有些问题的效果更好。通过反复试验，阿伦总算确定了最有助于参与者分享个人信息，并让他们逐渐感受到彼此最大限度欣赏的方法。最终，他确定了36个问题，需要按顺序使用。这个问题清单从比较表面的问题开始，如"谁会是你理想的晚餐嘉宾？"，然后建立更多个人化的问题，探究关于希望、遗憾、梦想、核心价值观的深层情感。当你试图和另一个人建立联系时，阿伦发现，"你不要分享太多、太快……最有效的方法是反复自我表露，并逐渐加强"。

当人们以这种方式相互询问时，结果是令人吃惊的，即使对阿伦来说也是如此。大多数陌生人在会议结束后都对彼此产生了非常积极的感情，其中一对后来结婚了。阿伦的研究和他的36个问题逐渐在科学界声名鹊起。

2015年年初，《纽约时报》的一位作者发表了一篇文章，标题极为抢眼：《要爱上任何人，就这样做》(To Fall In Love with Anyone, Do This)。此后，阿伦的36个问题在网上疯传。在这篇文章中，作者曼迪·莱恩·卡特伦（Mandy Len Catron）讲述了她与一位大学同学一起尝试问这36个问题的亲身经历。结果是出乎意料的。卡特伦写道："由于脆弱性是逐渐增加的，直到我们已经进入亲密领域，我才注意到。"她和大学同学确实相爱了，至今依然在一起。

与此同时，阿伦继续研究他的问题清单，并根据不同的情况进行调整和适应，如何在各种情况和关系中帮助人们建立亲密关系。对于那些彼此早已习惯的长期伴侣，这些问题是否可以让他们重燃火花？阿伦发现这的确能够实现（尽管他知道，在这种情况下，如果一对夫妇和另一对夫妇一起参加测试，他们轮流分享问题，效果会更好）。对那些共同点可能比较少,甚至在某些情况下可能是敌对的两个人,这些问题能否加强他们之间的关系?为了验证这一点,阿伦让警察与社区的居民分享这些问题。他还针对不同种族的人进行了实验。

在大多数情况下,参与实验的人事后都建立了更牢固的关系,彼此感觉更温暖、相互更尊重。但是,这对他们产生的影响其实更大。阿伦了解到:如果他能让两个来自不同群体的人更喜欢彼此,这些感觉就会延伸到整个群体。与警察分享问题的人更倾向于尊重所有警察。那些与其他种族的人交换问题的人也是一样。

是什么让某些问题有如此强大的力量,进而在人与人之间建立更牢固的关系?阿伦认为,当问题的表述和提出方式正确时,就能够做一些关键的事情。"首先,只要问一下就表明你关心对方。其次,这个问题鼓励对方透露自己的一些情况,这就为你创造了一个机会,让你对他所表露的内容做出回应。"

提问体现出兴趣,实现彼此的理解,建立融洽的关系。这三者是建立和维持一段感情的强有力的支柱。从事需要迅速与他人建立信任关系的工作的人,如治疗师、教练、人质谈判专家等,把问题作为主要沟通工具并非偶然。这些专业人员经过培训,能够以特定的方式提出特定类型的问题,这些问题通常是更开放的问题,可以得到更加充分的回答。

罗宾·德雷克(Robin Dreeke)是美国联邦调查局反间谍行为分析项目的前负责人,他的工作是与特工和潜在信息来源方迅速建立融洽的关系,并获得他们的信任。他的工作围绕着如何用恰如其分的提问方式,鼓励人们敞开心扉、积极合作,并披露敏感信息。他说,提问的措辞非常重要，但同样重要的是提问时的态度。我真的对对方感兴趣吗？我能不能抛开自我，暂缓所有的判断？我是否准备好真正地倾听，而不是假装在倾听？"如果做不到这些，你就可能会破坏通过提问建立的融洽关系。"

好消息是，德雷克和其他"专业提问者"所使用的技巧都不是那么专业。只要注意自己在问什么及如何按自己的要求去问，他们就可以很好地使用这些技巧。在这一章，我们将讨论各种通用的技巧和方法，但我们也将关注一些具体的问题，如通过询问他人或自己来加强新老关系。

我们大多数人都是从孩提时代就开始用提问来与周围的人交流的。事实上，和大多数与问题相关的事情一样，我们在孩提时代可能比现在做得更好。孩子们在很小的时候就意识到，提问题是一种与周围的人接触并从他们身上获取信息的手段。问题清除了沟通中的障碍，让人们知道他们应该对你说什么（就是回答问题）。孩子们似乎凭直觉就能明白，问题不仅是收集信息的工具，而且是打破僵局的工具。

随着时间的推移，我们在社交中越来越少地使用提问工具——就使用提问工具的程度而言，我们经常滥用它。这是一些常见的误用：习惯性地问一些机械的、无关紧要的问题（"你好吗？"）；我们问的问题实际上只是伪装的批评性陈述（"你在想什么呢？"）；我们以提问的形式表达意见或提供建议（"你为什么不这样做呢？"）。这些问题可能有助于打破沉闷的气氛或提供"发泄"的出口，从而给人带来满足感，但它们对建立关系没有多大帮助。它们没有表现出真正的兴趣，无法加强理解，更无法建立融洽的关系。

为了更好地问出那些能够与周围人建立更深层次联系的问题，我们要做几件事：努力问出基于好奇心的真诚问题；当我们更加专注于探究时，试着暂停判断并保留建议；去问一些开放性的、更深层次的问题（即使是对那些我们不太了解的人）；愿意仔细倾听，并用稍微深入一点儿的问题继续跟进我们刚刚听到的内容。

讨论与他人建立连接这个话题是有趣的。原因显而易见，在有LinkedIn、Facebook和其他具备高度连接性的社交媒体所处的时代，"连接"这个词有了新含义。现在的"连接"可能指人们之间松散的联系，这些人往往从未谋面，对彼此了解甚少。最初是以邀请形式建立的连接、成为"好友"或有了关注关系。与邀请相对应的是轻轻点击"接受"或"忽略"按钮。可以肯定的是，这种通过技术实现的新连接有其优点。对于一个人来说，现在提供令人印象深刻的"受欢迎程度高"的数字证据简直易如反掌。

但是研究表明，如果我们真的想要快乐，特别是当人际关系达到可以称为"伴侣"的亲密程度时，我们需要更多传统的直接接触。人们就此进行了各种各样的研究，包括具有里程碑意义的"格兰特研究"，这样的研究几十年来主要针对一群哈佛大学男生的幸福感。研究结果显示，人际关系的温暖与老年人的整体健康和幸福之间存在强大的相关性。作家E. M. 福斯特（E. M. Forster）说得对："只有连接！"

《意义的力量》（*The Power of Meaning*）的作者埃米莉·艾斯法哈尼·史密斯（Emily Esfahani Smith）经研究发现，有伴侣的人不仅更快乐、更健康，而且他们更能发现生活的意义。从家人和朋友的亲密关系上来看，这是正确的。不过这也可以延伸到工作场所。对许多人来说，在职场上能有朋友是工作快乐的关键，甚至比薪水的多少更重要。

谈到朋友，本书的观点是：越少越好。在史密斯所说的开创丰富多彩的生活方面，少数亲密而深厚的关系的价值超过社交媒体上的500个"朋友"。但面对面的"连接"比在线连接更难。面见陌生人时，人会有更多的不适感，并且要让自己的言辞、语气和时机都恰如其分，否则这会给人带来即时压力。我们需要一个破冰机、一剂社交润滑剂，以及一个有移情功能的应用程序，最好能将所有的功能集于一体。

提问就可以发挥这个作用。事实上，很多人都会用提问题的方式来与他人建立连接，包括我们刚认识的人。然而，在介绍或重新介绍的关键时刻，我们往往依赖于泛泛的、浅显的问题："你好吗？""怎么样了？""有什么新消息？"这些机械性的问题缺乏真正的兴趣、好奇心及想弄明白的心态，但这些要素往往能引出更有意义的答案。一个机械性的问题通常会带来一个死板答案，以及对机械问题的回应："你好吗？""很好，你怎么样？"这些问题不仅不能提供一个好的谈话起点，而且有可能成为一场谈话的终点。

如果我们问比"你好吗"更进一步的问题会怎么样

克利斯·科林（Chris Colin）和罗布·贝德克（Rob Baedeker）注意到了这一点，但他们百思不得其解：为什么我们要到处问这些毫无意义的问题？作家科林和喜剧小品演员贝德克在2014年合作出版了《谈什么》(*What to Talk About*)，他们对这个课题很感兴趣，他们想研究用什么问题才能使谈话顺利进行，并且让参与者更有参与感。他们发现，好的谈话需要有计划。科林说:"当我们和另一个人交流的时候,我们会发现大家都有头脑中一片空白的时候。"但如果你带着正确的问题来,对你会很有帮助。"摆脱闲聊的一个好方法是问一些开放式的问题,请人们讲讲他们的故事,而不是给出平淡无奇、只有几个字的答案。"科林补充道:"当你和别人交谈时,好奇必须是发自内心的。最有效的好奇是对故事的好奇。"

为了引出别人的故事,科林和贝德克提出了一些具体问题,如"你是怎么来参加今晚的聚会的?"但其他人提出的问题则更开放,如"你最热衷于什么?""你希望能解决什么问题?"这是一些更好的替代"你是做什么的?"的问题。这背后有很多原因,不只是因为"你是做什么的?"是一个机械而肤浅的问题,更因为这个问题容易被理解为"你以什么为生?",从而迫使一个人在本来可以分享更有趣的故事时(甚至这个人可能目前还没有工作),不得不谈论他的工作。

科林和贝德克建议对那些标准问题进行调整。与其问"你周末过得如何?",不如试着问一下"你周末经历的最美好的事情是什么?";别再问"你从哪里来?",试着问一下"在你长大的地方最奇怪/最有趣的事情是什么?"

让我们将科林和贝德克的方法看作"开放和深入"的提问策略。回答封闭的问题,这意味着他们只需要简单的事实或"是"或"否"的答案:"你在博伊西住了多久?""6年。""你喜欢吗?""不喜欢。"如果我们以更开放的方式提问,这会使得到的答案更加个性化:"是什么使你来到博伊西的?""住在那里最令人愉快的是什么?"为了使这些开放式的问题更深入,试着把问题设计得更有感情,更有体验性和故事性:"你刚搬到博伊西时是什么感觉？""在这里你遇到过的最奇怪的事是什么？"

有一种观点认为，我们不应该向不太熟悉的人提出更深层次的问题。作家蒂姆·布默（Tim Boomer）说，事实并非如此。他认为，我们在工作中、鸡尾酒会上，甚至是第一次约会时，都可以问这样的问题。布默注意到，人们在约会时只想谈论一些肤浅的事情，如讨论你上下班的通勤或天气，其实很尴尬。这触发了他脑海中的几个问题："为什么和陌生人在一起就意味着不能立即谈论一些有意义的事情？""为什么我们不能从一开始就以深谈代替闲聊，互相问一些深刻的问题呢？"

于是，他准备通过约会问一些深刻的问题来解开自己的疑问。后来，他在为《纽约时报》撰写的一篇文章中分享了这一结果。在他的深度问题约会中，布默问了一些问题："你最热衷于什么工作？""你所感受到的最深的爱是什么？""当问题来来回回时"我们有时候笑有时候哭。除了那些简历中该有的信息，我们什么都没了解到。但是后来，我们接吻了。布默说。从那以后，他就不再闲聊了，他说："每次约会都变成了真正的连接，最坏的情况也变成了一个有趣的故事。"他也尝试过在非约会场合这样做，如在出差时问一位同事："你为什么会爱上你的妻子？"这位同事一开始对这个问题感到惊讶，但是布默回忆说："他想了一会儿，然后告诉了我一些美好的事情。"

第一次见面，你可以这样问：

- 今天你遇到的最棒的事情是什么？这个问题也适用于这周、这个周末等。

03　沟通问题清单

- 你现在的生活中有什么令你兴奋的事情？

- 在这次聚会中，你最期待什么？这也适合会议和其他社交活动。

- 与其问"你是干什么的？"，不如问："你最热衷的事情是什么？"这是一个从工作话题（可能很无聊）转移到兴趣话题的好方法。

- 你希望自己能解决什么问题？这是把问题从当下的现实转移到更大的目标和可能性上。

- 在你成长的过程中，你想成为什么？这个问题能够引发一个关于成长和通向现在道路的故事。

阿瑟·阿伦在实验中使用的36个问题是开放式、深层次问题的范例。它们要求接收者认真思考答案。它们也被设计成展现自我的形式；因此，它们可以迅速阐明共同的价值观、共同的梦想和希望，以及其他形式的兼容性。在不同程度上，这是我们在考虑是否加深一段关系（无论是与朋友、同事，还是恋人）时要衡量的事："我与这个人的兼容性如何？是否有可能发生深入而持久的关系？"正确的问题不仅能揭示你们现在的相处状况，而且能揭示你们未来是如何共存的。

让别人喜欢你，你可以这样问：

- 对你来说，什么样才是完美的一天？
- 如果你有机会改变你成长的方式，你会选择什么？
- 友谊对于你意味着什么？

- 你感觉自己与父母的关系如何？
- 你最近一次在别人面前哭是什么时候？自己一个人哭呢？
- 如果有，什么事情是非常严肃不能用来开玩笑的？

有鉴于此，记者埃莉诺·斯坦福（Eleanor Stanford）为考虑结婚的两个人编制了一份问题清单。其中有一个特别有趣的问题："你的家人扔过盘子吗？"这个问题旨在了解一个人从父母那里继承了哪种冲突解决模式。清单上还有一些其他问题："你欣赏我什么？""没有我，你能处理我现在做的事情吗？""10年后你会怎么看我们？"最后一个问题可以问得更具体："你设想的我们的未来是什么样？"

卡特伦提出了最实际的婚前问题之一：婚姻会给我们带来什么我们目前还没有的东西？

结婚之前，你可以这样问？

Mother.Ly的萨拉·戈德斯坦（Sara Goldstein）提出了21个问题，其中的6个问题是：

- 你今天什么时候有被欣赏的感觉？
- 一年后的今天，你还记得所有这些被欣赏的部分吗？
- 我如何在5分钟内让你的一天变得更轻松？
- 如果我们今晚要去度假，你希望我们去哪里？
- 今天是什么让你开怀大笑？
- 今天你希望多做些什么？

"开诚布公"的提问方式同样适用于日常家庭生活。我们都遇到过这样的情况，一位家长在餐桌上问："大家今天过得怎么样？"答案通常都是"好"，就没有下文了。这里有两个建议：首先试着单独提问（所有人都回答同一个问题很难）。接下来，朝着开放或深入的方向，试着对这个问题进行调整，如把问题变成："今天发生在你身上最有趣的事情是什么？"这取决于你认为你的孩子可能会做出什么反应，你可以用"怪异"或"烦人"替代"有趣"这个词。

一家房产合伙公司的首席执行官德博拉·哈蒙（Deborah Harmon）说，她小时候，在家庭聚餐时，她的父亲会问孩子们："你今天遇到的最困难的问题是什么？你是否能以不同的方式处理这件事？"哈蒙说："通过他的提问，帮助我们成为自己的问题的解决者。"同样，某塑身内衣品牌创始人萨拉·布莱克利（Sara Blakely）在成长过程中也受到了父亲经常在餐桌上问的一个问题的启发："本周你做了什么失败的事？"

如果你不想在家庭聚餐中不断地问同样的问题，并且发现很难在匆忙中想出新的问题，可以考虑使用"问题罐"的方法。这是网络社区Momastery创建者格伦农·多伊尔（Glennon Doyle）推荐的一种策略。她是受一位老师的启发想出的这个主意，这位老师放了一个罐子在教室里，里面装满了写有学生们提出的有趣问题的纸条。

后来，多伊尔开始在家里也用罐子装满问题。每周都有几次，她和孩子们在晚餐时轮流从里面拿出一个纸条。问题示例："如果你是一个发明家，你想发明什么，为什么？""你今天醒来的第一个念头是什么？""你班上谁看起来很孤独？""你认为当今世界面临的最大挑战是什么？"

根据多伊尔的观点，设计这些问题是为了多方面开启孩子的意识，鼓励孩子们思考自己、他人和更广阔的世界。多伊尔写道："孩子们必须先成为自己的探索者，然后在生活中向别人敞开心扉。这是一个培养孩子好奇心、觉悟和同情心的过程，而这一切都从这个罐子开始。"

我如何才能全身心地倾听

正如阿瑟·阿伦所解释的："当你问问题时，你表现出对另一个人感兴趣。但是，如果你要表现出持续的兴趣，并且让另一个人能够对你的问题做出有意义的回答，你要做的不只是提问，你还必须倾听。"

在与他人建立信任方面，倾听是一种未被充分重视，但却非常有效的工具。如果一个人能够有效运用这个工具，他就可以加强与同事的友谊，促进家庭关系和谐，在工作中成为更好的同事或老板，甚至可以成功地解决问题和创造商业机会。成为一个更好的倾听者也有助于你成为一个更好的提问者，事实上，倾听是良好提问的一个重要组成部分。

这是我在做记者时切身体会到的。和许多记者一样，我开始也认为，如果要进行一次好的采访，关键是要有一份准备充分的问题清单。然而，有时我太专注于问清单上的下一个问题，结果对当时对方所说的话没有足够的关注。随着经验的积累，我意识到在采访或谈话中提出的问题是非常有用的，但深入倾听对方所说的话，并对其做出回应，这要比照着访问提纲提问的效果好。好的采访者都清楚，你得到的每个答案都可能是你应该问的下一个问题的种子，能深入挖掘或梳理出更关键细节的后续问题。

对于那些想与朋友、家人或同事建立连接并可能向其提供支持的非新闻工作者来说，这些做法也同样适用。即使你准备了很好的开场白问题，那也只是开场白。为了让对话更深入，你必须在刚刚听到和了解到的信息的基础上再提一些问题。借用记者的提问技巧，你可以利用这些问题悄悄地提取出有助于激发洞察力和解决问题的信息。正如记者弗拉克·塞思诺（Frack Sesno）所解释的："简单的提问及不加评论或评判的倾听"之所以有力，是因为它会"触动一个人进行反思，并边说边想，它甚至可能揭示真相"。

但深入而积极的倾听并不容易。这需要打破一些习以为常的不良倾听习惯，如在别人说话时点头，同时偷偷地想晚饭吃什么，或更糟的是一边低头看手机，一边说"嗯哼……是的，我听到了"。作家兼商业教练凯茜·萨利特（Cathy Salit）观察到，"倾听越来越成为一种被遗忘的技能"，同时是一种濒临灭绝的技能，因为现在的人受到了无休止的干扰和汹涌而来的信息的围攻。"然而，学会倾听你身边的人比以往任何时候都重要。"萨莉特坚持认为。她说，正是因为外面有太多的"噪音"，我们必须比以往任何时候都更努力地去倾听。

在进行重要对话之前，首先要问自己的问题是："我准备好倾听了吗？"如果时机不对——如果你心烦意乱、疲惫不堪或太忙，在谈话中不得不同时处理多项任务，那么就把谈话推迟到一个更合适的时间。同时，在正确的地方和找到正确的时间一样重要。沟通顾问艾莉森·戴维斯（Alison Davis）说，"你在办公室容易被分散注意力。电子邮件、电话铃声、智能手机和文书工作就像氪石[①]一样，会耗尽你倾听的精力"。

[①] 氪石（Kryptonite）是DC漫画《超人》中的一种虚构物质，在现实世界中"氪石"已成为一名刀枪不入的英雄的代名词。——编者注

找一个安静的地方，在那里你可以将全部注意力集中在谈话上。

另一个需要提前考虑的关键问题是：充分倾听意味着什么？当然，我们要把倾听和听进去联系在一起。但专家指出，倾听更像是一种活动。传播公司汉弗莱集团（Humphrey Group）的创始人朱迪思·汉弗莱（Judith Humphrey）说："好的倾听者，他们的身体、精神和情感都在现场，而且他们知道如何把三者整合在一起。"值得注意的是，中国人用来表示倾听的符号包括耳朵、眼睛和心，如图3-1所示。这提醒我们，好的倾听确实是一项要求很高的活动。

图3-1 繁体汉字"听"的结构

这个汉字所注重的是思想——在倾听时必须敞开心扉。咨询师黛安娜·席林（Dianne Schilling）说，与其考虑你是否同意别人告诉你的事情，不如去理解它。她建议"试着把别人说的话在脑海中勾勒出一幅图像"，这样别人的话就会在你的脑海中变得鲜活起来。尝试去感受它，比亲眼看到更好。当有人告诉你他们正在处理的经历或情景时，你可以问问自己：这究竟是一种什么感受？在谈话的某个阶段，你可能会直接把这个问题的某个版本抛给对方——请你用自己的想象力去感受它。

倾听的时候要保持专注、敞开心扉，这种状态的信号可以通过肢体语言传达——眼神交流、面对说话者、点头、保持双臂张开，也可以通过言语回应。在这里,可以运用一些不易察觉的提问技巧作为倾听行为的补充和支持。但是那些你没有说的话也很重要:保持足够长时间的安静,让对方充分表达自己的想法是有效倾听的关键。然而,这很难做到。总存在一些用自己的观点、陈述和故事来填补对话空白的诱惑,即使并没有空白。

倾听不是一项竞技运动,尽管我们有时会这么认为。当倾听的时候,我们可能会问自己一些实际上会破坏倾听的"错误"问题:我能说些什么来回应我所听到的,从而显示我有多聪明?我怎样才能在他的故事中加上我的故事呢?当我们思考这些问题时,我们并没有完全专注于说话的人所表达的内容。正如美国联邦调查局的分析师罗宾·德雷克所指出的:"在我考虑自己的回答时,我只有一半心思在听你说话,因为我其实在等机会告诉你关于我的故事。"德雷克的建议是:"一旦你心里有了那个故事,或者有了分享这个故事的念头,就赶快扔掉。"把注意力集中在说话的人身上。

心理学家罗纳德·西格尔(Ronald Siegel)分享了一个提醒自己少说多听的方法,试着问问自己"WAIT 类型的问题"。西格尔解释说,"WAIT"是"Why Am I Talking"(我为什么要说话)的缩写。他补充道,"这个简单的问题有助于培养一种反思的态度",这种态度可以抑制你在听别人说话时打断或插话的冲动。西格尔认为这个问题对治疗师来说是一个有用的工具,但它也适用于各种类型的对话,甚至是在线互动。新闻学教授迈克尔·J. 索科洛(Michael J. Socolow)指出,"如果社交媒体上的用户养成了在发帖或转发前都问一下'WAIT'问题的习惯,我们都会过得更好"。

《同理心对话》(*We Need to Talk*)的作者、电台主持人西莉斯特·赫德利(Celeste Headlee)说,让自己闭上嘴去倾听并不容易,因为人们很容易"谈话自恋"。我们喜欢把话题转移到自己身上。在接受采访时,赫德利引用了自己生活中的一个例子:一位朋友的父亲去世了,她想和赫德利谈谈这件事,然而赫德利开始谈论起自己失去父亲的经历。赫德利一开始并不明白为什么她的朋友会对此反感。她解释说:"其实我只是想帮助她。我想说,'我知道你的感受'。"后来赫德利才意识到"在那个她只需要自己的谈话的时候,我把自己的故事插进去了"。正如赫德利所说,"一个谈话自恋者是那种不停地从接球游戏中接球,且从不把球传回去的人"。

在描述谈话的动态时,精神病学家、《只需倾听》(*Just Listen*)的作者马克·郭士顿(Mark Goulston)用网球比赛的比喻代替了赫德利的"接球游戏"。郭士顿说,我们养成了在谈话中竞争的习惯,总是在想:"他刚才得了一分,现在轮到我得分了。"相反,郭士顿建议,"把它想象成一个侦探游戏,你的目标是尽可能多地了解对方"。因此,与其问自己"我如何才能得到对话分?",不如问"我如何才能确保我真的听到了这个人想说的话?"。

有一种提问技巧,它非常基础,以至于你可能会低估它的有效性。这个技巧被称为复述,可以应用于谈话的不同时点,尤其是当说话者在一个重要或复杂的问题上表达了自己的想法时。倾听者以问题的形式重复刚才对方所说的内容:"为了清楚起见,你是说 x、y 和 z 吗?"

萨利特指出,复述看似很简单、很容易,但"对于世界上大部分差劲的倾听者来说却出奇地困难"。它之所以有效的原因有二:第一,复述有助于确保更清晰的交流（你可能听错了对方说的话，或者该人在第一次尝试时的表达很差）。第二，复述在说话者和倾听者之间建立共识和信任能带来额外的好处，它会向说话的人表明你确实想了解他们。

联邦调查局前人质谈判代表克利斯·沃斯（Chris Voss）说，一种被称为"镜像"的复述方式是一种有助于缓和紧张讨论的策略。这需要重复谈话中说到的几个关键词，并以提问的方式来措辞。例如，如果有人说"我觉得公司里根本没人关心我所做的工作"，你可以重复问："公司里没人关心吗？"正如沃斯所解释的，这种策略鼓励人们更好地解释自己，让他们感觉到自己的想法被听到了。记者弗兰克·塞思诺用了一种类似的技巧，他称之为"回声问题"，甚至可以只有一个词组。在上面给出的例子中，回声问题是："没有人吗？"

最有效的跟进性问题包括 4 个简单的字："还有什么？"迈克尔·邦盖·斯坦尼尔是一位著名的执行教练（我将其归类为提问学家中的一位），他把"还有什么"称为"AWE 问题"（And what else?），并认为这个问题是"世界上最好的教练问题"。通过激发人们超越思维定式的答案，这个问题会引出更多、通常也更好的想法和见解。它鼓励人们在面对一个有挑战性的问题时，经历"边说边想"的过程。提问者通过不断地问这个问题可以继续扮演一个支持者的角色。正如斯坦尼尔所指出的，"AWE 问题"有助于"摆脱'建议怪物'"。

但斯坦尼尔对这种提问方式有两点提醒。第一点，当你这么问的时候，你一定要真心诚意（如果只是不知所云地问一个老生常谈的问题，那就会令人很恼火）。第二点，一般来说，连续被问三次效果最好，但仅限于此。到了第三次，你要考虑将问题重新措辞"还有其他问题吗?",这就意味着谈话要结束了。

当与碰到问题的朋友或家人交谈时,"AWE 问题"的提问方式可能很有用。在商业界,尤其对于管理者来说,这也是一个强有力的工具。当试图找出工作中的问题时,管理者很常见的提问方式为:这里出了什么问题吗?或是什么导致了这个问题?但是,由于人们在碰到一个困难或敏感问题时,第一次尝试人们难以清晰地把它表达出来。所以在真正的问题浮现出来前,你可能需要一些后续的"AWE 问题"。同样,这种类型的问题也可以成为一个工具,鼓励人们对解决方案进行创造性的思考,例如,我们可以尝试做点什么来解决这个问题……还有什么?或我们公司应该考虑一些什么问题……还有什么?

为了更好地倾听,你可以这样问:

- "确认一下,你在说的是?"在一些关键点,重复一下你听到的话的意思。

- "你能解释一下你的意思吗?"这是一个典型的采访者用来让人们更好地解释自己观点的澄清式问题(语气是重要的:去好奇而不是困惑或敌对)。

- "我想那会让你感觉……,对吗?"你的感觉发生了什么变化?(这听起来太像一个精神病学家的问题了。)

- 此外还有什么呢?这种"AWE"类型的问题可能是更深洞察的方法。

复述的方法及类似"AWE 问题"的跟进方法有助于引出更多的想法,把想法解释得更清楚,但这些方法可能很难获取人们难以表达出来的更深层次的情感。为了鼓励人们分享这些感受,萨莉特建议使用她所谓的"移情倾听法":尝试去感受一个人的情感,并以问题的形式呈现出来。

萨莉特举了一个例子:"比尔,我听说你生我气了,因为我对你为争取拉丁美洲客户所付出的努力并不认可。这些努力让你彻夜难眠,不能陪伴家人,甚至遭遇了婚姻问题,对吗?"萨利特说,"这种形式的积极倾听是最难做到的,但是,如果你做得好,人们会发自内心且坚定不移地赞同你。"

对于一个听众来说,试着感受并回放讲话人的情绪是很有效的方法。郭士顿建议使用这样的提问方式:"我正试图体会你的感受,我认为这是一种挫败感,是这样吗?"这不只是复述,看起来好像是把话放在别人嘴里。但只要你密切关注说话者想要表达的内容,你的澄清性提问就很可能有帮助。

随着提问者帮助把情绪转化为语言,后续的提问可以用来进一步澄清:我们已经知道你感到很沮丧,但是你到底有多沮丧呢?你为什么会这么沮丧?正如郭士顿所指出的,如果你正在努力寻找一个解决方案,你的目标可能是:到底需要做些什么才能让这种感觉好起来?

郭士顿把这种倾听和提问的形式称作"感同身受"的方式,表明"你理解并接受另一个人的感受,如果设身处地地想,你也会有同样的感受"。郭士顿写道:"当人们被'感同身受'时,他们就会感觉不那么孤独……不那么焦虑，也就不那么有防御心了。当你把对别人的感受反馈出来的时候，对方就会以同样的方式回馈你……这是一种不可抗拒的生理冲动，这种冲动会把对方拉向你。"

有一种关于倾听的重要观点：有些人（尤其是男性）担心如果自己扮演倾听者的角色会使自己处于弱势，或使自己看起来不那么有趣。但人际沟通专家说，这二者都不正确，而且有悖常理。根据沃顿商学院的亚当·格兰特引用的研究成果，当扮演倾听和提问的"沟通弱者"角色时，我们实际上可以更有说服力，从而发挥更大的力量。如前所述，倾听和提问的人表现出自己感兴趣。郭士顿说："兴趣会让你变得有趣。"

如果我少提建议多提问题会怎么样呢

给别人提建议是我们在不同程度上都犯过的错（给人提建议这种倾向会阻碍好的提问方式），它会对管理者与员工之间的关系产生不利影响。此外，它还会对家庭成员和好友之间的沟通产生负面影响。

为什么我们总爱建议别人做这做那？斯坦尼尔认为："这是关于确定性和控制力的问题。当你给别人建议时，即使你提的建议并不那么好，你也处在高的位置。你控制着谈话，你是那个知道答案的人。你会成为那个带来价值的人。所以，你的自我感觉非常好。"相比之下，他说："当你提问的时候，你就会陷入一个模棱两可的境地。你可能在赋予对方权力，但这样做你就剥夺了自己的权力。我认为，因为你在帮助别人，所以从长远来看你会赢，但是当下的感觉可能并非如此。"

斯坦尼尔说，担任领导职务的人，即（在职的管理者，还有一家之主），可能觉得自己有义务告诉人们该做什么，为每个问题提供解决方案。但这似乎也会影响亲密的人际关系。当非常了解某人（配偶或最好的朋友）时，我们很容易养成给人提建议的习惯。

这并非总是件坏事。有时候人们确实需要建议，而你可能正好可以提供。斯坦尼尔说："我不会说，'永远不要给人提建议'，但是不要急着给人提建议。因为事实是，人们的建议往往没有他们想象得那么好。"

通常会存在一个问题，提建议的人可能并不太了解在那个具体情境下究竟发生了什么——事情的来龙去脉、前因后果，建议者试图解决的问题并不是真正的问题。建议者对于处理特定情况可能有自己的偏见、经验和信念，这些建议可能对他们自己有意义，但对其他人不一定有意义。

给你认识的人提出错误的建议，如果这建议没有被人忽略的话，它可能会破坏双方的关系。忽略别人的建议，这就是我们中的许多人用来处理别人给自己的建议的方式，但是这并不能阻止我们转头把这种自己不想要的礼物送给别人。

那有什么别的选择吗？如果可能的话，与其把你认为的"答案"送给别人，不如帮助他们自己找到答案。有一种方法是把倾听和提问结合起来，你不动声色地探究和引导他们找寻答案。这种互动模式被许多人生教练、顾问，尤其是治疗师采用。好的治疗师不会告诉你该怎么做，他们会引导你自己找到解决问题的方法。

如果你能帮助别人更清晰地思考问题，并不动声色地引导他们找到可能的解决方案，那你就给他们留下了空间，让他们形成自己的见解、做出自己的决定，让他们对潜在的解决方案有更多的主人翁意识。

帮助别人思考可能被认为是"引马到水边"的提问策略（基于谚语"你可以引马到水边，但你不能强迫它喝水。"）。给建议的人犯的错就是试图强迫马喝水。最好的方法是引导马走完到水边的最后几步，如果它渴了，它自然就会喝水，如果它不渴，说明马可能现在不需要水。

那如何通过提问引导"马"下"水"呢？最好询问那些能够帮助人们理清各种选择并看穿领导力培训师哈尔·迈耶（Hal Mayer）所说的"迷雾"的人，当人们在应对挑战时，他们可能对导致问题的原因和行动方案有自己的想法，但他们可能需要别人的帮助将这些想法组织成一个连贯的策略。迈耶分享了一个很好的例子，在不提任何建议的情况下，只通过提问就可以帮助别人想出该怎么做。

迈耶正在指导一位想吸引更多志愿者来教区帮忙的女士。他先让她设定目标（吸引 10 名新志愿者）。他接着问，你已经试过哪些方法了？她提到过去自己的努力并不奏效。然后迈耶问了这样一个问题："如果你可以尝试用钱以外的任何东西，你会做什么来寻找新的志愿者？"

这位女士想出了一个办法，给做志愿者的人每人 100 美元。迈耶注意到了这一点并问道："还有什么吗？"这位女士随后分享的每个想法，他都会追问，一而再再而三。直到她实在想不出办法了，迈耶给她看了一张她想出的 5 个办法的清单，然后问她："其中你最满意的是哪个，你想进一步讨论哪个？"她选择了设立一个柠檬水摊的想法，孩子们可

03 沟通问题清单

以在那里分发志愿服务的申请单。

针对这个想法,迈耶问了几个实际问题:"你将如何设置这个摊位?你需要准备什么才能开始?这个想法的实施可能会遇到什么阻碍?你能立即采取的行动是什么?"当他结束了不到20分钟的谈话后,那位女士已经有了一个行动计划,准备几天后就行动。

 引导别人,你可以这样问:

- 你面临的挑战是什么?
- 你已经试过了哪些方式?
- 如果你可以尝试任何方法来解决这个问题,你会怎么做?
- 还有什么(根据需要重复问两三次,让新的想法浮现出来)?
- 这些选项中哪些是你最感兴趣的?
- 阻碍这一想法的因素是什么,对此我们能做些什么?
- 如果要立即采取行动,你想走哪一步?

正如迈耶所指出的,他没有对那位女士的任何想法做出判断,也没有试图告诉她该如何继续下去。他说:"我所做的就是问她问题,帮她集中注意力。"

在这次谈话过程中,迈耶做的一件重要的事情就是引出多个想法(使用"AWE问题")。那个最令人满意的摆柠檬水摊的主意并不是那位女士想到的第一个,甚至不是第二个。因此必须通过后续的提问把它引导出来。当你与某人讨论他们面临的一个挑战及如何应对时,最初的回答可能是肤浅的或不切实际的。但通常来说，如果你利用有力的"AWE问题"，人们会自己挖掘出更深层次的想法和更好的主意。

我会因为批评而感到内疚吗

唯一比主动给别人提建议糟糕的方式就是提出批评。据《奥普拉杂志》(*O, The Oprah Magazine*) 专栏作家玛莎·贝克（Martha Beck）所说，如果你想批评朋友或家人，"专业方面的共识归结为：别这么做。"贝克指出，有研究表明，"批评会严重破坏信任和爱"，并可能导致批评接受者本能地转向"战斗或逃跑"模式。

此外，贝克说，批评的本能可能源于自己的失败和挫折。她建议在批评别人之前，先问一些自我反省的问题，如"是什么激发了这种批评的冲动？我怎么会对我批评的人、事、物感到内疚呢？"。贝克说，问第二个问题"永远不会错"，例如，当我们批评别人主观臆断的时候，我们的行为方式本身可能就是一种主观臆断？

还有一个好主意，就是考虑一下你打算提出的批评是否真的可行或有用（如果批评没用，何必费事去做呢？）。另外，请扪心自问，当你提出这些批评时，自己是否有哪怕一丝快感。如果是这样，说明你批评的理由是错的。

批评别人前，你可以这样问：

- 是什么激发了这种批评的冲动？

- 我怎么会对我批评的东西感到内疚？
- 如果有人对我说了类似的话，我会有什么反应？
- 我希望这样说会有什么积极的结果？
- 我是否从批评中获得了快乐？

批评有时会伪装成问题："你怎么能做这样的事？""你在想什么呢？"这些"伪问题"与批评有着同样的负面影响，因为这些提问的实质是批评，虽然带着问号。

在工作场所，批评泛滥成灾，且常常以"伪问题"的形式存在（例如"你到底为什么要这样做？"）。他们问这些问题并不是在寻求答案。但是，建设性的批评有其必要性，且在工作中也有一席之地，这些批评的目的是帮助别人更好地完成工作或解决问题。其可以通过一种提问方式来实现，这种提问方式旨在软化问题的棱角，同时为问题注入更积极的基调。这种方法被称为"欣赏性探询"，它强调优势弱化劣势，强调潜在的解决方案。

凯斯西储大学教授、欣赏性探询的先驱戴维·库珀里德（David Cooperrider）表示，批评性提问方式往往在职场中处于主导地位。在工作中，我们经常会问：有什么问题吗？出什么事了？哪里坏了？这是谁的错？库珀里德说："遗憾的是，管理层会议的80%都是从这样的问题开始的。"他认为，当一个公司的提问集中在找问题和缺点时，整个公司可能会倾向于关注负面问题，而不是去发现优势和机会。

当用欣赏性探询时，提问者会避免问"这个项目出了什么问题？"，相反，他可能会说："带我看看这个项目发生了什么？我们了解一下哪些事情进展顺利，你遇到了什么问题，我们可以从中学到什么？"

当气氛已经很紧张的时候，积极的提问方式变得更加重要。当家庭出现纷争、工作场所出现冲突时，一种局面会形成，即试图去批评某人或"纠正"他们对某一问题的看法可能会使情况更糟。这时候，积极的提问方式可能会有所帮助，必须谨慎处理。

如果我用好奇心代替判断会怎么样呢

几年前，享有盛誉的剧作家林恩·诺蒂奇（Lynn Nottage）开始对工业城镇工作岗位消失时发生的事情感兴趣。她想寻找一个最能体现后工业时代美国的变化和挣扎的地方，最终锁定了宾夕法尼亚州的雷丁钢铁城。但在写书之前，诺蒂奇知道她需要花时间与雷丁当地人进行面对面交流。

2011年，当她第一次去雷丁时，她说，"我对这座城市和城市里的任何人一无所知，面对这座城市，我完全就是一个局外人"。表面上，她与在那里遇到的人没有什么共同点。正如诺蒂奇对《纽约时报》所说，"我喜欢用好奇心代替判断。你告诉我你的故事。我会认真倾听，不会打断你，然后决定我的想法"。

雷丁的人们希望自己的声音被外界听到。"这很令人惊讶，因为此前我认为自己会碰到一些阻力，"诺蒂奇说，"但我认为很少有人来真正问他们问题，并且是问他们这样的问题，如'你感觉如何，你在经历什么?'我发现人们确实向我靠近了,并且以一种令我惊讶的真诚态度回应。"诺蒂奇还发现,当与钢铁工人交谈时,"他们说的话让我感到非常熟悉,并且令我印象深刻"。正如她告诉《纽约客》的那样,这些下岗工人感到无助、被世界忽略和遗忘。

根据诺蒂奇的研究成果改编的戏剧《汗水》(*Sweat*)于 2016 年秋季首次公演,不过公演地并不在百老汇。2017 年春天,诺蒂奇的剧本获得了普利策奖。诺蒂奇说,这部剧并没有为它所审视的社会问题给出任何简单的答案——"我觉得我作为一名艺术家,我的职责不是提出解决方案,而是在正确的时刻提出正确的问题。"但正如一位剧评人所指出的,"百老汇的观众可能没想到,自己会同情被边缘化的钢铁工人、罢工者,后来他们发现自己变了"。

诺蒂奇的研究座右铭:"用好奇心取代判断。"对于处在这个两极分化的时代,或记者弗兰克·塞思诺所说的"武断时代"的我们,这句话也是一个很好的信条。只要愿意与持不同世界观的人坐在一起倾听,同时设身处地、感同身受地问一些问题——诺蒂奇就能够洞察和理解,然后还能将这些传递给她的观众。

这让人不禁要问:如果现在整天争吵不休的电视评论员采纳了诺蒂奇的非判断性访谈方法会怎样呢?这是否会给各方带来更多的理解和共情?她的戏剧《汗水》是否会给那些自己试图不说话或压制校园内不同声音的大学生上一课呢?她传递出的信息会不会给那些在聚餐时争吵不休的家庭带来宁静呢?

在我的一次关于提问的大学讲座中,一名学生给我发了一封让人感到绝望的信:"我家里有不少人跟我的政治立场相反,在不激怒对方的情况下,我们很难沟通。我想知道你是否有什么建议可以鼓励那些固执己见的人(包括我自己和我的家人)敞开心扉,接受关于不同信仰的问题?"

对于那些已经处于激烈的意识形态冲突中的人来说,倾听对方的声音并有礼貌地问对方一些问题,似乎是一座遥不可及的桥梁。但对于那些仍然想促进和谐和彼此理解的人来说,这可能是我们唯一的桥梁。

最近有很多关于政治两极分化的讨论,但政治并不是邻居、同事、家庭成员和朋友之间产生摩擦或疏远的唯一根源。一个过去的误会、办公室的冲突、家庭的争论——不管产生分歧最初的原因是什么,随着时间的推移,双方都坚持一个与对方的"答案"冲突的立场或"答案"。这样的情况下,除非有人愿意停止捍卫自己的立场,在真正的好奇心驱使下开始提问,否则这些势同水火的状况会持续下去。

当用提问的方式来弥补冲突时,比较好的开始是从自己开始。在面对充满对立情绪的叔叔或态度冷淡的同事之前,请先问问自己:"我为什么要跨越这个特殊的鸿沟?"虽然这通常是一件有价值和重要的事情,但你要确保自己是出于"正确"的理由而参加的辩论。这些理由可能包括试图修复或加强对你来说很重要的个人关系;试图促进你的工作圈、朋友圈或家人间的理解,促成公民对话;或是你想拓宽自己的思维。

至于为什么不继续:如果你跨越这一鸿沟的想法是你可以说服对方认同你的观点,你最好要做好心理准备,大多数证据表明你不太可能成功，而且你这样的做法对于这段关系最终可能是弊大于利。

在这里讨论的提问方法不应被视为赢得辩论的手段，它们更适合作为平息争论和鼓励对话的工具。

在试图判断自己的动机时，先问问自己："我真的有兴趣向我的对立面学习吗？""为了使这个问题更开放和具体，我可以从那些我不理解的人身上学到什么？"

正如诺蒂奇所观察到的，好奇心是一个关键因素。当你带着它去和你的对立面接触时，好奇心不仅有助于打开你的思路，而且向其他人发出了信号，表明你来这里是为了学习，而不是为了攻击或评判。你可以用简单的方式表达你的好奇心：首先要专心倾听，同时要用如"我对某事很好奇""我想了解这件事，也许你可以帮我……"等话术作为提问的开场白。

从事好奇心研究的人指出，好奇心存在于我们已经知道的和我们想知道得更多之间的差距中，因此，如果可能的话，先对讨论问题进行一些开放的双向的思考，然后再就该问题进行双向讨论。这种做法不仅在政治分歧的场景下很重要，而且对解决家庭分歧或解决与同事或疏远的朋友之间持续的困难关系也很重要："我该如何看待争论的双方？"

考虑一个问题的两方面会不会太"优柔寡断"了？它是否会使你处于危险中，也就是接受所有观点都同样有效，即使其中一种观点可能信息不足或是充满恶意的？答案就一个词：不会。有意愿考虑其他方面是批判性思维的基本原则之一。

事实上，判断你是否站在一个有争议问题的明智一方的最好方法，是仔细、公正地评估对方和可能性（并且要持续做下去）。

如果我们做不到这一点，我们就可能成为"弱意念批判性思维"的牺牲品，在这种思维中，我们的批判性思维能力只用于捍卫我们已经相信的东西。没有谁能说你必须接受一个对立的观点是合理的或正确的。经过这一思考过程，你可能会认为与你对立的观点比你最初想象得更为错误。但你要一直保持开放的思想、公正的心胸。

为什么我会站在分歧的这一边

先从质疑自己对这个问题的观点和信念开始。为了能够以一种开放的心态接受别人的观点，进行对话，你首先要审视一下自己的立场、倾向和偏见。问问自己："为什么我会站在分歧的这一边？"这又回到了早先关于阿诺·彭齐亚斯关键问题的讨论："为什么我相信我所相信的？"

虽然你可能很清楚自己的立场是什么，但你最近可能没有花太多时间来考虑它背后的理由，所以"自我审问"是有用的。自从这些观点形成以来，情况可能已经发生了变化。你自己可能已经变了。通常情况下，你甚至可能不知道为什么你在一个问题上会这样坚决，但你就是这样做的。

作家汤姆·佩罗塔（Tom Perotta）讲述了他上大学不久后的一个发现。他出身于工人阶级家庭，带有某些特定的态度和性情，其中一个是开同性恋恐惧症的玩笑。"有一天，一个朋友问我：你为什么会在乎这个？为什么别人在卧室做的事情对你来说很重要？"佩罗塔回忆道。当他思考这个问题时，佩罗塔发现除了自己的不安全感，他并没有好的答案。"只是因为有几个人问我'你为什么这么想？'，我就改变了自己的想法。"

如果有一个"值得信任的人"偶尔让你考虑一下自己的思维方式和偏见，这非常有价值。但我们可能不会像佩罗塔那样，身边有其他人来质疑我们，因此这需要我们自己来问这些关键问题。

自我审问有时可以帮助我们发现或稍微意识到自己有偏见（当然，对持有偏见的人来说他们可能完全看不见）。《超越你的直觉》的合著者亚当·汉森注意到，只要我们能够通过自省、自我质疑及亲身体验获得一丝觉悟，我们就应该充分利用它们。他说："对于自己的偏见态度要谦虚，但也要承认自己的偏见。"

如果我们感觉自己想以可预见的方式对某些事物做出反应，或者在处理某些争议问题时倾向于某种特定的方式，我们就应该承认这种偏见，并在接受新信息或做出新判断时考虑"将其纳入考虑因素"。用一个特定的问题来总结：我知道自己倾向于某个方向，这个认知会如何改变我对新信息或新情况的看法呢？

你的"倾向"可能会扭曲你对许多新事物的看法。这可能要归因于你的背景、你所处的"媒体评论"及你交往的人。最后一个因素可能最有影响力："我们做出的决定、我们表现的态度、我们做出的判断在很大程度上取决于其他人的想法。"布朗大学认知科学教授史蒂夫·斯洛曼（Steve Sloman）说。不管我们是否愿意承认，我们的思想是由我们周围的人和文化塑造的。

因此,精神病学家、哲学家伊恩·麦吉尔克利斯特(Iain McGilchrist)相信,"我们应该问自己的问题是,我的文化阻止我看到了什么?"他建议我们必须努力忽略那些对我们来说显而易见的东西,忘记周围的每个人都在"喋喋不休"谈论的东西,并努力看清那些模糊的东西,这可能与你和你周围的人一直以来的想法相悖。

当你面对面地向与你意见相左的人提问时,请记住这条原则:不要试图说服别人。爱提建议已经够糟糕了,更糟糕的是你还试图把你的观点强加给别人。人们对问题的看法往往与个人的身份密切相关。当你攻击这些观点时,这可能会被视为人身攻击。

此外,你如果想要说服别人承认他们坚信的事情是错误的,通常是行不通的。但如果我有足够的证据来证明我的观点呢?这依然行不通,至少研究成果已经告诉我们是这样。在2017年《纽约客》的一篇题为《为什么事实不会改变我们的想法》(Why Facts Don't Change Our Minds)的热门文章中,伊丽莎白·科尔伯特(Elizabeth Kolbert)搜集了大量研究成果,得出了类似的结论:"看起来理智的人实际上通常不理性",特别是当他们在某件事上下定决心的时候。证据不能动摇他们,他们会想方设法调动自己所有的弱意念批判性思维技能来消除对立的论点。科尔伯特写道:"面对别人的论点,我们特别擅长找出其中的弱点。几乎无一例外,我们对自己立场中存在的问题完全视而不见。"

与其试图攻击或反驳别人坚定的立场,不如找到一种没有威胁性的方法,请对方重新审视自己的立场。在这里要重申一遍,那些"伪问题"（以问题的形式进行批评或判断）是行不通的。当你用"你怎么能相信这样的事情"这种方式问对方，这其实是一种语言攻击，等于向与你交谈的人发出信号，表明你对他的立场并非真感兴趣。

一个更有效的方法是从允许对方解释自己的立场开始的，然后试着表现出兴趣。罗宾·德雷克建议说一些这样的话，"这很有意思，请帮助我了解更多的情况"。随着对方开始更多地解释自己的观点，是时候使用前面提到的一些主动倾听技巧了，如复述和模仿。

用批判性思维型问题来挑战对方的目的是让对方澄清或捍卫自己的观点，这没什么错。修辞学专家、《说服的艺术》（Thank You for Arguing）的作者杰伊·海因里希思（Jay Heinrichs）说，向陈述案例的人提出一些关于定义和细节的问题，可以有效地表现出"咄咄逼人的会场"。在询问明确定义时，你可能会问，当你说"自由"时，你是如何定义它的？

这样做的关键是澄清讨论中的术语，但也可以达到另一个目的。海因里希思说，当人们"被要求定义所用术语"时，他们"想出来的词往往就不那么极端"。用来寻找细节的问题可能包括：你所说的这种流行病的实际数量是多少？这些信息的来源是什么？这些问题可能会被看作说话者的挑衅，所以提问的时候要冷静和礼貌，不要用质问的语气。在这里，像"我很好奇"或"我想知道"这样的短语插在问题的开头，可以在软化语气方面产生奇迹。

当你允许对方不加判断地陈述自己的观点时，你也可以要求对方给自己同样的机会（"我能简单地向你说明我的想法吗？"）。当你陈述完你的观点后，试着立即将话题转移到共同立场的讨论上，而不是"让我们轮流驳倒对方的论点"。这时候要通过使用"桥梁"问题，鼓励人们在相互对立的观点中找到积极的方面和共同的价值观。

以下两个"桥梁"问题是从电台主持人克丽丝塔·蒂皮特那里借来（稍加修改）的，她也是从一位嘉宾那里学来的：

你能从你的立场中找到一些让你犹豫的东西吗？
你在我的立场中有没有发现什么吸引你或让你感兴趣的东西？

这两个问题你都要自己回答。这样做的结果就是你们双方都得到了鼓励，调整了自己的立场，拉近了彼此的距离。你可以用同样的方法来谈论政治候选人而不是具体问题：

你已经很好地解释了为什么你支持候选人A，但你能想到一些你不喜欢他的地方吗？虽然你不支持候选人B，但你能想出一些他身上你觉得有价值或有意思的点吗？

这些类型的问题鼓励对方在思考中更加平衡——在他们可能倾向于只看到消极方面的领域寻找积极的方面，反之亦然。如果很难说服别人这么做，你可以尝试一种源于"动机式访谈"研究领域的提问技巧：让人们给自己不喜欢的东西按1～10分打分。例如，1～10分，你认为气候变化有多正确？1分是完全不正确，10分是全部正确。

研究人员发现，即使人们不同意或不喜欢，但在给它们评分时，也很少会选择最低的分数。他们更倾向于用2或3这样的小范围数字。在这种情况下，你可以问：

你为什么会选择打 2 分或 3 分，而不是最低分呢？

在这一点上，他们可能会给出一些理由，例如，为什么气候变化不能被完全忽略，这就意味着他们开始阐明自己论点的对立面。

提问也可以用来促使人们跟那些他们极力反对的人产生共鸣，或站在他们的角度思考。用一个假设性问题"如果……会怎样？"例如，如果你明天会负责候选人 B 的竞选活动，你会如何鼓励她接触像你这样的人呢？虽然你知道她不会径直来到你这边，但你觉得她怎样才能走近一点呢？

你自己也一定要这么做：如果我有资格给候选人 A 提出如何与我接触的建议，我会告诉他什么？

这样做就能使谈话转向"共同点"问题：

我们能想象出一个能让我们俩都高兴的候选人吗？候选人 A 和候选人 B 如果结合起来会像什么？或者，如果你们在讨论具体问题的话，可以问：我们能否想象一个在这个问题上的立场，至少可以让我们双方都能部分满意？

如果用逆向工程的术语来说，你可以把谈话的最终目的想成：你们想提出一个能达成共识的问题，大致是我们如何才能找到一个实际上能达成共识的小问题？谈话中的其他内容都应该指向那个问题。即使你们没有找到答案，只要一起回答问题、一起探索，就会有所启发、有所收获。

"科学人"比尔·奈（Bill Nye）提醒我们，我们必须耐心对待那些与我们观点不同的人。"我们总想对别人说，'看看事实吧！改变你的想法吧！'但是人们可能需要花几年的时间才能改变自己的想法。"同时奈建议，"要克服这个问题，我们应该说，'我们面对同一个问题，让我们一起学习吧'"。或引用另一位早期的"科学人"卡尔·萨根的话，"我们必须摒弃我们垄断真相的观点……如果你是明智的，你会听我们的，否则你就无可救药了"。相反，萨根建议我们将高知对手视为"有共同追求的同道中人"。

产生分歧时，你可以这样问：

- 在你的立场中什么会使你犹豫？

- 在我的立场中，是什么让你感觉有趣或吸引了你？

- 1～10分（1分是毫无价值，10分是无懈可击），你会如何评价我的立场？

- 你不会给我打1分给你自己打10分，为什么？

- 我们能不能想出一个至少让我们都满意的立场呢？

我们如何才能形成更亲密的关系

向存在分歧的另一方提问很具挑战性。但出于各种原因，向我们身边的人提问题也很困难。对于配偶、家庭成员、老朋友、商业伙伴，甚至是忠实的客户，因为我们非常了解他们，所以我们总是想当然地去理解身边亲近的人，觉得不需要问他们问题。但是，当去问的时候，我们也会从中受益。

几年前，博客作家马修·弗雷（Matthew Fray）在自己当时毫不起眼的网站上分享了一个有趣的故事，令他惊讶的是，他的帖子很快被全球数百万人转发。可以肯定的是，这个故事有一个令人难以抗拒的标题："因为我把空杯子放在水槽旁边，她和我离婚了"。

弗雷写到他的婚姻是如何破裂的，其中的原因有很多。尤其是他习惯把一个空杯子放在水槽边，而不是再多挪几步，把它放进洗碗机。对于弗雷来说，这是一件小事："我不在意水槽旁边是否有空杯子，除非有客人来访……否则我不在乎放在水槽边的杯子。"但他的妻子不这么认为。弗雷最终意识到，这"与杯子无关"，这是缺乏尊重的问题。她一次又一次地明确表示，这个简单的举动对她来说很重要，但弗雷回应的方式不断地表明自己对此不在乎。弗雷希望他当时能问自己这个问题："那个我爱的人、嫁给我的人一遍又一遍地告诉我那种做法对她而言是个问题，可我为什么不相信她呢？"

他希望自己当时问另一个问题："如果我知道自己的婚姻会因为自己正在做或没有做的事情而痛苦地结束，我还会继续做同样的选择吗？"

但弗雷并没有问自己上述两个问题，当他意识到这个问题的时候为时已晚。随着他婚姻中的问题逐渐显现，他脑海中浮现出这样的反问：谁会在乎一个杯子呢？为什么它会那么重要？如果他当时能够诚实地问自己并考虑到这些问题的话，这些问题就不会是什么坏问题了。如果他当时问了，他可能会找到问题的答案：首先，对他来说很重要的人很在乎这件小事。其次，正因如此，这件事很重要。

根据他的经验，弗雷给其他处于恋爱中的人提出了这样的建议：当你和你的伴侣意见不一致时，试着描述清楚对方的感受和观点。首先问一下："我能不能试着解释一下我理解的你的立场是什么，然后你也解释一下你对我的看法？"弗雷说："除非我们能准确地陈述双方的观点，否则很可能会得出这样的结论，其实我们都不明白对方到底在说什么。"

弗雷提出的问题都很好，每个问题都有不同的目的。它们可以概括为一个重要问题"我错过了什么吗？"，这个问题在所有亲密关系中会经常被问到。

如果我们不注意眼前发生的事情，亲密关系就会受到影响。这是心理学家约翰·戈特曼（John Gottman）[①]研究的婚姻核心问题之一。戈特曼在过去的40年里对很多已婚夫妇进行了研究，他的一个重要发现是：一段关系是否健康与伴侣是否留心对方的"争取信号"密切相关。用戈特曼的话说，"争取信号"就是试图建立连接，可以很简单，可能就是你的伴侣说，"你看窗外的那只鸟"或"我想告诉你我刚在报纸上读到的这个有趣故事"。

戈特曼发现，如果一方的"争取信号"经常被另一方忽略，那么双方的关系很可能以离婚告终。根据戈特曼的研究，也许每个在亲密关系中的人都应该经常问自己的一个问题是："我错过了一个'争取信号'吗？"

---

① 约翰·戈特曼是美国华盛顿大学心理学教授。其作品《幸福的婚姻》已由湛庐引进，浙江人民出版社于2014年出版。——编者注

另一个可以问的问题是:"我该如何回应来自合作伙伴的各种'争取信号'?"那种机械的回答方式——"这很好,这很有趣"可以归入戈特曼所说的"最小反应"范畴,这似乎和忽略或"置之不理"一样糟糕。通过提问与发出"争取信号"的人深入交流并"引出"他们的观点是更好的方式("的确,那是一只漂亮的鸟,你知道它是什么品种吗?你觉得报纸上那个故事最有趣的部分是什么?")。

有些"争取信号"更重要。当有人告诉你一些困扰他们的事情时,你应该仔细倾听,并询问对方你是否能够提供帮助。当你的伴侣或好朋友带来好消息时,这也同样重要。不要只是说"恭喜"或"太棒了",提问者还可以引导出与这些消息相关的积极情绪。加州大学圣巴巴拉分校的心理学家谢莉·盖布尔(Shelly Gable)称之为"积极的建设性回应",她的研究发现,这是健康人际关系的一个关键因素(在糟糕的关系中,伴侣往往会忽略或淡化对方传来的好消息)。

"积极的建设性回应"可以通过这样的问题来表达,如:当你听到这个好消息时,你在想什么?可以用马克·郭士顿的方法,你可能会将推测这些积极的感觉作为问题的一部分:当你听到这件事时,你一定很自豪——那是种什么感觉?另一种建立在好消息基础上的方法是去了解是什么创造了它,以及它可能会带来什么:你认为这会给你带来什么新的机会?

想加深友谊,你可以这样问:

> 作家凯特琳·怀尔德(Kaitlyn Wylde)和她最好的朋友在一次长途旅行中提出了一长串旨在加深两人关系的问题。

这里摘录了其中的 5 个问题：

- 每天你都在努力做什么？
- 什么是你一直很想去尝试的？
- 如果你能开创自己的公益活动，会是什么？
- 你自传的标题是什么？
- 如果你必须在其他国家生活一年，那会是哪个国家？

关系恶化时该怎样挽救

当一段亲密关系恶化时，是时候退后一步了。你需要问问是什么使事情发展到了这种地步的，未来如何前进。但在这里，人们往往把注意力集中在错误的问题上："我应该离婚（或结束这段友谊/伙伴关系）吗？"这是一个封闭的"是或否"问题，因此，在需要采取行动时强制做出决定，可能有一定的价值。但是，如果过早地问这个问题，我们就没有其他选择了。因此，最好从更多开放性、探索性的问题开始。

在《纽约时报》上撰文的埃里克·科帕奇（Eric Copage）收集了离婚前应该问的 11 个问题（来源于他和治疗师及婚姻顾问的交流），其中包括你是否明确表达过对这段关系的担忧？（这可以联系到弗雷关于更好的人际沟通的观点。）如果没有伴侣，你真的会更快乐吗？（你当然不知道自己是否会更快乐，但在你试图思考未来的无伴侣状态时，这个想法可以用来权衡潜在的利弊。）

还有一个关键问题：如果有办法挽救婚姻，那会是什么办法？这个问题是牧师凯文·赖特（Kevin Wright）提出的。我更喜欢这个问题的开放式版本，如"我们如何开始挽救这段婚姻？（因为可能有不止一种方法。）"。在试图回答"如何挽救这段婚姻"的问题时，赖特建议每对伴侣列一个清单，一边列出你需要做什么，另一边列出你的伴侣需要做什么。

一段亲密关系变差的背后可能有无数原因，可能多到无法想清楚。但有时它是一件大事：一场争执、一次越界、一个一直未被解决的问题导致持续不和，或只是逐渐疏远。如果你认为（或知道）自己可能至少有部分错，你应该道歉吗？毫无疑问。但在说了对不起之后，你最好考虑再加上一个非常重要的"请求"——请求原谅。

看起来似乎道歉就足够了，但人生导师迈克尔·海厄特（Michael Hyatt）说，请用12个字说出以下3件事，最后以问号结束会更有效。从简单的道歉开始"对不起"，然后承认"我错了"最后问"你能原谅我吗？"。为了达到最好的效果，把12个字都要说出来。海厄特也承认，要做到并不容易，问最后那个问题可能是最难的，但那恰恰是最重要的部分。"把这句话以一个问题的形式提出，因为我们知道宽恕不是一种权利……而是另一个人的选择。"海厄特写道。当那个选择被放到别人面前时，"根据我的经验，几乎每个人都会说'我原谅你'"。

有时候，结束一场长期的纷争与其说是为了宽恕，不如说是为了遗忘，愿意放下过去和需要被证明是"正确"的这两件事可能很难做到，因为正如认知科学家史蒂夫·斯洛曼指出的那样，"我们有一种原始的本能来证明我们是正确的"。

然而，在一个关于过去的争论中想要证明自己是正确的是不太可能的（这种可能性和你说服某人改变政治立场的可能性差不多）。正如奥普拉·温弗里所写："证明我是对的，这是我过去的一个主要性格缺陷。"她说，这耗费了自己与朋友、亲人的宝贵时间，让彼此陷入了旷日持久的争吵和误解。

她最终改变了自己的生活方式并指出："一个问题促使我开始思考：你想要的是正确还是平静？"这个问题对于处于敌对状态的朋友来说是个好问题，对于敌对的国家也是，值得我们记住。

怎样"向上提问"更合适

如果提出正确的问题可以在聚会上与陌生人，或在家与家人建立信任和融洽的关系，那么在办公室它也可以与同事建立这种关系。然而，我们在工作中比在个人生活中更不愿意问问题。其中的一个原因是，工作中存在着层级结构，而从本质上讲，提问可以被看作是对等级权威的挑战。在我访问的几乎所有公司中，这个问题似乎都出现了，管理者和员工都想知道："我怎样问同事问题才不会越界，才不会让他们心生戒备？"

在我们开始讨论如何在工作中提问之前，先考虑一下为什么这样做很重要。首先，不管你做什么，提问能让你更好地完成工作。它还可以帮助你更有效地与同事协作。如果你的工作需要与委托人、客户或公司之外的任何人打交道，它可以帮助你更好地了解这些人，满足他们的需求，并说服他们与你开展业务合作或继续做业务。

从第一个问题开始，除非你能不断地通过各种表达方式问以下两个问题：我的工作是什么？我怎样才能做得更好？否则你不可能很好地完成自己的工作。

有人可能会认为，第一个问题只有在第一次开始工作时才需要，然后就再也不需要了。但事实上，工作性质的变化是如此之快，以至于我们必须不断反复地问这个问题：鉴于昨天的所有变化，我今天的工作是什么？有经验的员工和管理者可能不愿意这样做，因为他们认为自己已经知道如何做自己的工作了。他们可能认为，即使在快速变化的时代，也没必要质疑既定的方法和工作习惯。

有经验的人也可能认为，对自己的工作提出根本性的问题是有风险的，因为他们担心这会被管理层认为自己不称职。虽然这个担忧完全能够理解，但这种风险还是有办法被降低的，也有理由相信它带来的收益可能大于风险。我通过与不同类型公司的高层管理人员交谈发现，他们中的大多数人都敏锐地意识到，公司各级都需要变革，而他们现在最关心的一个问题是：中层管理人员和一线员工可能不愿意或没有能力进行变革。在这些组织中，管理层可能很乐于看到员工质疑既定的做事方式，并因此兴奋不已。在我看来，领导者更倾向于欣赏和奖励质疑，而不是惩罚质疑。

在"向上提问"时，也就是向更高级别的人提问时，如果你带着一定程度的尊重，那么你的问题就可能得到管理者的好评。但是不要用提问来挑战权威或抱怨。如果一位下属问自己的经理："我们为什么要做这个特殊任务？或为什么我们还在用这些旧设备？"它可能会被看作一种挑战或抱怨，或两者兼有。

为了避免这种情况发生，你可以先做一些调查工作。在问经理之前你先问问自己：为什么会有特定的流程和惯例？为什么那些旧设备还在使用？改变政策或设备的好处和成本是怎样的？要做到这一点有多难？当考虑过这些问题，也许还收集了一些相关的事实时，员工就可以提出更多的问题。这些问题可以是你感兴趣的问题，也可以是你想了解的可能性。例如：我一直在思考 X 问题，但我惊讶地发现了事实 Y。这让我开始琢磨，你认为我们应该研究可能性 Z 吗？

即使你对可能的改变没有明确的想法，你也可以设计一个问题来表明你愿意接受改变，这体现了你正在关注那些可能对自己的工作产生影响的力量。例如：我注意到我们的竞争对手正在使用新软件，这使得他们能够更高效地办公。我想知道我们该如何适应这种情况，以及我的角色是否有什么特别的地方可以改变？

在"向上提问"时，向管理者寻求建议是表示尊重和学习重要信息的最佳方式之一。我们讨论过给别人提供不想要的建议的危险性，而征求建议完全不同。正如沃顿商学院的亚当·格兰特所指出的，当你向人们征求建议时，他们通常会受宠若惊，管理者也不例外。当你向经理征求意见时，你通常会让他的工作变得简单一些，因为你为他提供了一个令人愉快的机会，让他能给你提出建设性的批评。

征求意见最常见的方法之一就是问，"如果你是我，你会怎么做？"，这个问题在很多情况下都适用。但有一些有趣的变化可以更有效地帮助管理者告诉你如何做得更好。雯达·华莱士（Wanda Wallace）是一名职场教练，她建议你问问自己的老板，理想的员工是什么样的。这个问题可以让管理者以间接的方式提出建设性的批评，这让各方都比较容易接受。

华莱士分享了另一个可以提的问题:"如果我做的不同,这会对你有什么影响?"K方公司的凯瑟琳·克劳利(Katherine Crowley)对这个问题做了一个有趣的调整:她认为你应该经常问自己的老板:"你今天要完成的任务中最重要的是什么?有什么是我可以帮忙的。"这两个问题都集中在经理的关键需求和优先事项上,同时明确表示你对自己的工作感兴趣,而且你是一个可用的人才。克劳利指出,"你上面的人经常要处理多项事务,而且他们的工作优先顺序总是不断变化的"。除非你主动问,否则你很难知道他们在任何时间最需要你做什么。

征求管理者的建议,你可以这样问:

- 如果是你,你会怎么做?
- 你理想的员工是什么样的?
- 如果我换一种做法,对你有什么影响?
- 在你今天的任务清单上最重要的事情是什么,有什么需要帮忙的?

为什么管理者很难"向下提问"

如果员工可以通过学习"向上提问"而受益,那么管理者也可以通过学习"向下提问"而受益。但许多管理者只是不习惯向低层员工提出感兴趣的、真诚的问题。作为管理者,他们可能觉得自己的角色是告诉别人怎么做,而不是问别人该怎么做,包括告诉别人如何做自己的工作,自己做错了什么,为什么自己的表现不够好。皮尔斯学院管理系主任凯茜·利特菲尔德（Cathy Littlefield）说，当管理者这样做时，"它提醒了负责的员工"。"管理者从批评行为中获得的权力满足了他们的自尊心"，但这也会严重打击员工的积极性。

当然，在某些时候和某些情况下，管理者应该告诉某人做某事或批评某人的工作。但在这种情况下，提问可以用来缓和带给员工的挫败感，得到更好的结果。从一般意义上讲，提问可以帮助管理者与员工建立更牢固的联系，同时有助于管理者找到更好的管理方法。

让我们以员工可能需要建设性批评的情形为例，有些事情出了问题，他的工作做得不尽如人意，此时经理可以通过提问来"引马下水"。通过问一些问题，如"你对自己的表现满意吗？你认为什么是有效的，什么不是？"，管理者可以鼓励员工识别和阐明问题。然后按照"引导性提问"方法，管理者可以引导员工思考解决问题的方法。

甚至在工作中的问题浮现前，管理者就可以通过提问来衡量员工是否对自己的工作感兴趣并全情投入。这是如今职场的一个关键问题：盖洛普研究发现，只有30%的员工感到自己"完全投入"工作。通过问一些问题，如"你没有时间做的是什么？你想做的是什么？"，管理者可以确定哪些因素可能会妨碍员工充分投入或竭尽全力。

任何管理者都可以问员工的一个最重要的问题是："你有什么要问我吗？"但是你这么问可能什么也没有问出来，因为这个问题有点儿出乎意料，而且涉及面很广，你可以试着加上一些细节："关于我们正在实施的新政策你有什么想法吗？或者是5年后你对这家公司或这个部门的设想？"作为管理者，你不必每个问题都有现成的答案，最重要的是要善于接受问题,并认真对待它们。你可以这么说:"这是个有趣的问题,我现在还没有答案,但我会考虑一下,然后给你答复。"

和那些下属一样,管理者应该尝试以非对抗性的方式提问。站在下属的办公桌旁厉声质问"你在干什么?"或"你为什么要这么做?",即使这不是有意的,也会被理解为批评。

如何避免对抗性的问题?最好的答案可以归结为一个词:"好奇心"。根植于好奇心的问题往往会被更好地接受。这对于管理者来说尤为有价值:如果管理者能表达出对下属工作的好奇心,有时候这就会减少问员工工作问题的刺痛感。同样,在询问的开头加上"我很好奇"几个字其实很简单:"我很好奇,你为什么选择这样做?"但这需要真诚地表达出来,才能促成有效的对话。

正如罗宾·德雷克所观察到的,如果你愿意暂时把自我放在一边,只是"不带评判地去寻求别人的想法",那样的提问才是最有效的。

带着好奇心的问题也可以让员工知道你不只是对他们的工作成果感兴趣。盖洛普首席科学家吉姆·哈特(Jim Harter)博士认为,当今最有效率的管理者必须能够表现出他们对下属的关心和理解。有一种方法是在日常互动中使用开放和深入的问题,而不是问一些机械的问题("进展如何?""今天很忙吗?")后迅速进入下一个办公话题。问诸如"本周你要做的最酷的事情是什么?在你现在的工作中什么让你感到兴奋?"等问题,可以促使你们更紧密地连接。

开放而深入的问题也有助于改善同事之间的关系,使你能够询问同事在关心什么,他们的兴趣和激情所在。至于你是否需要知道这些情况,这要依据具体的人和情况来判断。对于有些同事,可能最好保持在"进展如何?"的程度上。

但在协作和团队合作至关重要的工作环境中,同事之间的关系很重要。为此,你可以使用本章前面列出的许多用来建立关系的问题。其中的大部分问题只要稍加调整,在办公室、鸡尾酒会或家里的效果就会一样好。

关于向办公室同事提问,有一点请注意:如果你正在和一个真的难相处的同事打交道,提问可能有助于找到共同点,这里可以参考前面提到的"桥梁"问题。但在这种情况下,先问自己一些问题也很重要,这些问题可以帮助你决定如何应对和适应一个你难以摆脱的人。

遇见难对付的人,你可以这样问:

- 我是不是反应过度了?通过向一个值得信任的同事描述情况获得一个"外部视角"。

- 深入分析:这个人的哪些具体行为令我烦恼?

- 那些行为中,哪些真正影响了我的工作?

- 那些行为中哪些是可以改变的?

- 有没有什么方法可以有礼貌地请他做出改变?

- 谁能居中调停(最好是双方都认识和信任的人)?

- 我们该如何保持距离？如果可能的话，挪到另一张桌子上；如果不行，考虑戴上耳机。

如果我们把销售话术变成"提问话术"会怎样

在公司内部提出问题很重要。但那些代表公司的人在外面提出的问题一样也很重要。对于企业来说，与客户和委托人建立联系最基本的方式或许就是经常问自己：这个世界需要我们做什么？

这在企业中一直是个"起步"问题。许多公司的成立和组建就是为了回答这个问题。但在当今的商业环境下，随着客户需求的不断变化和发展，一家负责任的公司必须不断地问这个问题。最常见的情况是一线人员（销售代表、客户服务人员、现场研究人员等）会问到这个问题。他们的主要职能是充当公司的"首席提问者"，尽管他们可能并没有意识到。

例如，销售人员处于一个理想的位置，可以通过提问来更好地理解和连接公司的命脉：客户。过去，许多销售人员认为自己的工作就是售卖、推销、承诺、不断跟进、说服，以及提出真诚的问题等。但越来越多的销售专家发现，提问可以成为销售武器库中最有效的工具之一。亚当·格兰特指出，那些善于倾听和提问的人带来的收入往往高于那些强行推销的人。

至于为什么会这样，格兰特解释道："当人们觉得你在试图影响他们时，他们会提高警惕。"但提问有助于建立关系。格兰特提到了比尔·格伦布（Bill Grumbles）的故事，缺乏经验的推销员格伦布在公司成立初期被派去为HBO开设一个地区办事处。格伦布的方法就是去客户的办公室拜访，看看墙上的照片，然后开始就他所看到的一切提问。他很快就成了著名的谈话专家，也是HBO的顶级销售员。格兰特说："这种通过提问而不是给出答案的销售方法确实有效。"

格伦布与他的客户建立了良好的关系，这对于任何一名销售人员来说都是一个很好的起点。但是，经验丰富的销售人员利用提问技巧能带来的远不止建立良好的关系。其目的是激发对方关注自己的理由，为什么他们会与你的公司合作或使用你的产品。《全新销售》[①]的作者丹尼尔·平克说："这在销售和说服中是公理，当人们有自己的理由，而不是你的理由去做事的时候，他们往往更深信那些理由。"

平克曾谈到放弃销售话术改用"提问话术"：用提问题的方法来鼓励销售人员更深入地思考他们的业务问题，并探索各种可能性。在这个职位上，销售人员不再是"说服者"，而是扮演了更像顾问或合作者的角色。当这种情况发生时，他们不是隔着办公桌向对面的人推销，而是有种与客户站在一起共同处理协作性问题的感觉，如"我们该如何集思广益解决贵公司面临的这个问题？"

理想情况下，尽管不一定，但销售人员所售卖的产品将是解决方案的一部分。正如平克所指出的，当卖家将自己转变为更具协作性的角色时，卖家的目标就开始更多地关注建立长期业务关系，而不是进行短期销售。

[①] 丹尼尔·平克是著名的未来学家、趋势专家，其作品《全新销售》已由湛庐引进，浙江人民出版社于2013年出版。——编者注

如果新的销售规则是"提问而不要推销",那么同样的规则稍加修改也适用于所有类型的商业顾问——可以把它改成"提问,不要说教"。这可能有悖常理,因为我们认为顾问的主要职责是提供专业建议。但是商业顾问的先驱彼得·德鲁克早就明白,他可以通过提问为客户提供更好的服务。德鲁克表示,很多公司的领导者都希望找他来解决他们的业务问题。然而,德鲁克的逻辑是,这些领导者实际上比德鲁克更了解自己的企业。他们并不需要一个不太了解公司业务的局外人来告诉他们该怎么做。相反,他们需要的是有人能够从"外部视角"看待眼前的挑战,提出没有被问到的问题(因为公司内部人员与问题的关系太紧密了,过于沉迷于自己的专业知识),这样做可以帮助这些商界领袖找出自己的答案。

理想情况下,一个组织的问题应该向各个方向流动:员工向上提问,管理者向下提问,公司代表向外界提问。这要求组织的领导者确保问题能够自由地向上、向下、向内、向外,特别是向内。领导者必须深入组织或集体的核心和灵魂,并且要问,"我们的使命和目的是什么?我们为什么在这里?"

正如我们将在下一章看到的,一种新的领导模式正在生根发芽,根植于一种观念,即一个人可以且应该通过提问来领导。这是一个根本性的变革,它不仅会影响到企业高管,而且会影响到任何领导或有志于在创新、社区、事业、学校、团队、家庭等领域扮演领导角色的人。同样,强大的提问工具使我们能够与其他人建立连接,也可以帮助我们把这些人聚集在一起,围绕在一个更大的使命和共同的目标周围。

提问贴士

1. 设计开放式、更深入的问题，如果我们能用更开放的方式提问，我们会得到更加个性化的回答。
2. 全身心倾听的 4 种方法：保持专注和足够长时间的安静；少说多听；引导，少提建议多提问题；避免伪装成问题的批评。
3. 用好奇心代替判断。多自我拷问，少试图说服别人。别总想着证明自己"正确"。
4. 主动向上提问，但不要用提问来挑战权威或表达抱怨。向下提问则有利于减轻关于问工作问题的刺痛感。
5. 新的销售规则是"提问而不要推销"，对这个规则稍加修改，它也适用于所有类型的商业顾问，即把它改成"提问，不要说教"。

THE BOOK OF BEAUTIFUL

04

管理问题清单

QUESTIONS

为什么要做提问型领导者

2015 年的一天,八年级学生维达尔·查斯坦特(Vidal Chastanet)正在学校外散步,他停下来回答了一个好奇的陌生人向他提出的问题。那个人问查斯坦特:"在你的生命中,谁对你影响最大?"

查斯坦特想了一会儿,然后给出了一个令人惊讶的答案。对他影响最大的人既不是运动明星也不是故事里的英雄,甚至不是父母或老师,而是他学校的校长,一位名叫纳迪娅·洛佩斯(Nadia Lopez)的 40 岁女性。

"当我们遇到麻烦时,她不会让我们休学,"维达尔解释说,"她会告诉我们,每次有人失学,就会有新的监狱牢房被建起来。"查斯坦特补充道,有一次,洛佩斯女士"让每个学生站起来,她挨个告诉我们,学校看重每个人"。

布兰登·斯坦顿(Brandon Stanton)就是问这个问题的好奇的陌生

人，他记录下查斯坦特的回答，并拍下了照片，然后在他的社交账号上分享了这个故事。几天之内，查斯坦特和他的校长洛佩斯女士就成了"网络名人"。突然间，许多人才开始意识到查斯坦特和他公立学校的同学早就习以为常的事情：每天都有一位强有力的领导人在学院的大厅里穿梭忙碌。

从洛佩斯在学校的行为中你可以看到一个"提问型领导者"的影子。每天的大部分时间她都会和学生在一起，她试图尽量多地和学生接触，每次问学生问题时她都会停下来看着孩子们的眼睛。当她遇到了一个因为冲突而要被开除的男孩时，洛佩斯把他拉到一边。她并没有把时间浪费在判断"你做了什么，为什么要这么做？"之类的问题上，她更喜欢激发思考和解决问题的方式。有一次，洛佩斯问他："我们怎么做才能纠正这个错误？"男孩想了想，然后说："说声对不起。"洛佩斯点点头说："这很简单，你知道答案。"

洛佩斯曾是一名护士，在 2010 年成为校长，她告诉我，她很久以前就学会了用诊断性提问来发现患者可能出现的问题。她现在把类似的问题用在学生身上：如果他们有这样的表现，这到底意味着什么？可能的根本原因是什么（可能是家里出了问题，或是孩子跟着周围的人学的）？在找到哪里出了问题后，她就用提问的方式来引导学生自己思考潜在的解决方案。

在课堂上，学校教导学生要互相提问，但要温和、尊重。洛佩斯说，在许多贫困家庭，孩子们没有那么多机会学习如何进行有深度的谈话，如何表达意见或提出深思熟虑的问题。"所以我们在这里教他们如何做到这一点。"她说。这是这所学校整体使命的一部分。墙上贴有标语，上面写着"创造一个用探究方式培养批判性思考者的环境"。为了强化这所学校培养终身学习者的目标，洛佩斯把她所有的学生都称为"学者"，她希望学生们也这样看待自己。

学校校长与学生有如此直接和密切的联系的确很不同寻常，洛佩斯甚至把她的手机号码告诉她的学生。洛佩斯说："其他学校的老师告诉我，'我很少见到我们学校的校长'。"洛佩斯认为这近乎失职："如果你是领导者，你必须引领他们，你必须经常露面。"

洛佩斯说："只要你身在其中，你就可以让他人担起责任来。这一行为本身就能告诉老师们，你们没有借口，因为校长和你们一样投入，一样努力。而且，这还等于向老师和学生宣告，这件事对我来说很重要。"

当洛佩斯不在走廊里漫步或不在教室里停留时，她常常会抽出一段时间来安静地思考学校、老师和学生的更大的目标和挑战。她对学校的设想不只是开展教育，更是使学校成为促使贫困的青年群体思考自己、改变他们所处环境及其所拥有的可能性的地方。在那些安静的时刻，洛佩斯会努力回答一些重要且困难的问题。21世纪对这些孩子的要求是什么？学校如何才能提供这些？你如何向生活在贫困和绝望中的年轻人灌输一种可能改变他们处境的想法？你如何防止那些工资过低、工作量过多的老师精疲力竭？

在某些方面，洛佩斯似乎回到了那个人与人关系更加密切的时代，那时的老师甚至学校校长都知道他们学生的名字，他们会去询问学生家人的情况。但是，洛佩斯的做法也可以被看作一种新型领导力的典范，不仅适用于学校,而且适用于企业、政府和其他领域。这种新模式有不同的种类,也有不同的叫法("服务型领导"是现在比较流行的)。对于这种新型领导者的一种看法是,领导者是"有远见的帮助者",这样的领导者不仅为人们制定行动路线,而且会竭尽所能(温和地劝说、友善地用词、大力地支持),让人们朝着正确的方向前进。

一个"有远见的帮助者"往往会表现出一些品质,如谦逊、好奇心及思想开放,这些是我们不一定会与领导力联系在一起的品质。这类领导者往往依靠一种直到最近才被认为是对当权者至关重要(甚至是恰当的)的技能:在合适的时候提出合适的问题的意愿和能力。

这样做可以使新一代的领导者不断学习,预测变化,设想新的可能性,设身处地及有效沟通。这样的领导者能够接受内向型的问题——关于自己的价值观、判断、战略、未来的规划,甚至是核心信念。他们同样擅长向外、向周围的人提问,这样做可以让人们放松,引导出有价值的信息,甚至可以为那些接受问题的人带来灵感。

这种新的领导模式可以应用于很多情况,不一定需要一个豪华的办公室或一个首席执行官的头衔。一个"有远见的帮助者"可能是老师、家长、社区活动家、团队负责人、销售经理、励志博主或思想领袖,也可以是任何一位努力将人们团结在一个共同目标周围的人。

这是一种与"VUCA 环境"的挑战和要求非常匹配的领导风格。VUCA 环境是一个从军事指挥官那里借用的术语,如今常用来描述一个所有类型的领导者都必须面对前所未有的"动荡""不确定性""复杂性""模糊性"的世界。在这种情况下,"有远见"(包括试图预测未来并据此制定计划）是对想象力和敏捷认知能力的考验。

在 VUCA 时代，那种领导者拥有一切答案的老派形象根本站不住脚。取而代之的是一个新型领导者形象，他能够不断质疑这些直觉，同时寻找相互矛盾的信息和不同的观点。"今天的领导者必须是一个灵活的思想者。"利事达公司（Lead Star）的领导力顾问安吉·摩根（Angie Morgan）说。事实上，这位新型领导者必须是一位思想家，愿意定期远离会议和繁忙的日程安排，静静地内省、思考和提问。

在改变思维方式的同时，新型领导者还必须调整他们与周围人相处和互动的方式。传统的"指挥和控制"方式无法激发出公司内部的独立思考和协作。在 VUCA 环境下，领导力"更多的是影响力而不是控制力"。谷歌的高管教练和领导力主管大卫·彼得森（David B. Peterson）表示。如今的领导者不能只是命令部队冲上那座山头，他们必须激励、指导和支持团队努力。要做到这一点，领导者需要和团队建立融洽的关系和信任。对那些具有多元文化的追随者，包括与自己截然不同的人，领导者们要学会与之产生共鸣，进行有效的沟通。他们必须理解，为了让别人能理解自己，他们必须是思想开放的提问者。

然而，这并不是当今领导者所面临的现实，至少根据现有的证据来看是如此。在现实世界中，我们正处于领导力危机之中。其实不难理解为什么这么多人会这样想，这场危机表现在首席执行官和政界人士的丑闻、失败的学校、企业管理者的渎职、政府的停摆，以及未能预防（甚至未能充分应对）人道主义危机、工作场所猖獗的性骚扰等问题。用麻省理工学院领导力中心主任德博拉·安科纳（Deborah Ancona）的话说："最近在领导力舞台上展示的东西都带有希腊悲剧的色彩，充斥着有害的、腐败的、脱离实际的、无力行动的领导者。"

有趣的是，这种领导力的失败发生在有关领导力方面的信息比以往任何时候都要丰富的时代，这是一个名副其实的领导力的建议过剩的时代。基于这个问题出版或发布了成千上万的书籍、文章和博客。

既然有那么多关于领导力的知识，那么多关于"如何成为领导者"的答案，为什么我们没有看到更好的结果？并且引用纳迪娅·洛佩斯的话：我们怎样才能纠正这个错误？

金宝汤公司前任首席执行官道格拉斯·科南特（Douglas Conant）创办了自己的领导力公司。他认为，成为一名更好的领导者是一个"由内而外"的过程。这意味着领导者必须从思考和解决自己的一些基本问题开始，而不必过分依赖博客文章或 TED 演讲中的最新建议和技巧。在科南特看来，至少在最初阶段，挑战不在于了解其他人对领导力的看法，而是要弄清楚自己。为什么你要领导别人？对你最重要的是什么？你会如何发展和阐明自己的哲理和战略？这项艰苦的工作有助于领导者建立坚实的价值观和方法论基础，当他开始实际行动时，这些价值观和方法论将为他提供支持。

但科南特说，大多数领导者并没有做那些知识性基础工作。许多人在职位提升时并没有考虑到在顶端等待他们的是什么。他们通过生产效率、雄心和熟练的专业技能的结合而被提升。引用作家威廉·德雷谢维奇的话，领导者之所以成为领导者，通常只是因为他们能够"在他们所依附的等级制度的滑竿上向上爬"。

当他们到达了手握重权的位置，不确定下一步该做什么时，他们就开始实践科南特所说的"凭借经验和直觉的领导力"。他们可能会参加培训课程或快速阅读大量的领导力文献，但因为他们没有完成"内部"工作，所以那些"外部"的建议的作用也不可能持久。

科南特说："凭借直觉和经验的领导力一直是个问题，今天的情况更是如此。"VUCA 环境下的压力导致危机发展得更快，如果领导者没有准备好——他们事先没有充分考虑这些挑战，他们可能会很快使问题复杂化。科南特说"他们最后为了让股东高兴，会偷工减料，或编造半真半假的故事来暂时安抚员工"，直到整个纸牌屋倒塌。

那么，一个领导者或一个渴望成为领导者的人怎样才能避开这个陷阱呢？科南特和其他人建议从几个简单但关键的问题着手。

我为什么要选择做领导

正如我之前提到的，从"为什么"开始通常是明智的，当我们谈到领导力的时候尤其如此。这些基本的"为什么"问题的动机、基本原理和宗旨相互关联，这应该是考虑问题的出发点。然而，现实中通常不是。科南特说，有志成为领导者的人通常只关注成为领导者能给他们带来什么（地位、荣誉、金钱），而不考虑如果决心带领和帮助他人，他们自己将放弃什么。

更具体地说，有志成为领导者的人通常没有花足够多的时间考虑他们是否有更大的使命来驱动他们的领导抱负，或梳理清楚这个更大的使命是什么。现在对领导者的要求之高非比寻常，除非一个人有一种超越个人雄心的使命感，享受身先士卒和领导他人的实际日常工作，否则从长远来看，这种追求可能并不会令人满意和持续。

《安静》(*Quiet*)的作者苏珊·凯恩（Susan Cain）指出，如果许多谋求领导职位的人只是出于个人野心，那么我们可以，至少部分可以将这个问题归咎于教育制度。凯恩在《纽约时报》上发表的一篇文章指出，大学及进入大学的学生已经变得非常注重领导力了（学校希望自己被视为培养领导者的机构，而学生们都希望成为领导者）。但正如凯恩所指出的，双方似乎对"领导力"的定义都很肤浅，如根据一名学生能取得多少成就或担任过学生团体负责人的数量来对领导力进行定义。这就产生了一种错觉，即领导力的总体目标是"成为领导就是为了自己能够做主，而不是以（学生）深切关心的事业或理念的名义去领导他人"。

凯恩指出，世界需要的不是冲着领导职位去的人，而是响应服务大家召唤的领导者。她提出了一个好问题："如果我们对未来的领导人说，'只有当你极度关注手边的问题时，你才能担任这个角色'，那会怎么样？"

为了将凯恩的挑战重新定义为一个"自我提问"，任何考虑在组织或企业中担任领导角色的人都应该先问一下："为什么我要领导这项工作或这些人——为什么他们需要我领导？"

如果你对问题的前半部分有一个有价值的答案，那么它可能也适用于问题的后半部分。例如，洛佩斯觉得对于她和老师们来说，帮助学校的孩子是更崇高的目标。洛佩斯说："我告诉老师们，我们被选中来到这里,是因为我们要来改造一个不相信自己的社区。"

一方面,这清楚地说明了她为什么想要领导这所特殊的学校,为什么学生和老师希望她来领导(谁不希望有这样一个有坚定信念的领导者呢?)。另一方面,如果洛佩斯对问题的第一部分的回答更像是,"我觉得这么多年来,我有资格成为这所学校的校长,或我需要加薪,那这对问题的第二部分来说就是很糟糕的答案了。

接受领导岗位前,你可以这样问:

- 为什么我要来领导这项工作?

- 为什么其他人希望我来领导?

- 前一个问题的答案适用于后一个问题吗?如果不适用,那你想成为领导者的理由可能太自私了。

在考虑为什么你想领导一个特定的组织之前,真正的"启动"问题是一个更普遍的问题:为什么我要选择做领导?这个问题旨在迫使有抱负的领导者认真思考,是什么驱使他们接受成为领导者的挑战。科南特建议把这个问题分解成几部分,包括你想如何利用自己的天赋和兴趣来让世界变得更美好。

关键是要确定你想成为领导者的原因:也许是因为你的兴趣、激情、优势与当今的环境中领导者所面临的挑战和日常现实一致。想成为领导者是一回事,是否做好了准备或是否有能力领导是另一回事。

基于这个目标，这里有 4 个关键问题可以帮助你确定你是否符合 21 世纪对领导者的要求。让我们从最重要的一点开始。有志成为领导者的人应该问问自己是否真的愿意帮助别人。那些天生热衷于帮助他人发挥潜力的人非常适合在当下的环境中发挥领导才能。相反，那些更专注于自己的成就和目标的人可能就不那么适合了。

事实上，对于那些试图转变为领导者的成功人士来说，这可能是他们需要做出的最大调整。正如科南特所说："当你成为一个领导者，这就不再是你的问题了。"安吉·摩根说，请她指导的许多高管被提升到领导职位，是因为他们在组织内擅长各种任务驱动、以结果为导向的工作，这使他们成为冉冉升起的"明星"。

但摩根说，在担任领导职务前，他们必须转变整个工作的重点和方法。"他们过去习惯于做'实干家'，但现在他们被期望更多地关注建立关系。"要做到这一点，通常需要把自己可能很喜欢做的工作授权给别人，分担出更多的责任，并且愿意让其他人成为最优秀的表演者和制作者。

对于那些业绩出类拔萃的人来说，实现这种转变很困难。合益咨询公司（Hay Group）的研究专门针对那些由于业绩突出而成为领导者的人。研究发现，他们"有命令和强迫的倾向，不会指导和合作，从而扼杀了下属的积极性"，并且"可能会忽视对他人的关注"。

有鉴于此，有志成为领导者的人应该扪心自问，自己是否真的准备好从追求业绩表现转向成为一名领导者。与其认为领导者是一个组织的主角，不如问问自己："我是否愿意放弃个人成就以帮助他人进步？"

领导者的首要工作就是帮助他人取得成功，这个观点并不是全新的。但随着"服务型领导"运动的兴起，这个观点获得了更广泛的认同。商业大师罗伯特·格林利夫（Robert Greenleaf）所倡导的理念是，领导者应该"首先确保其他人的需求优先得到满足"。

就总体目标而言，建议"服务型领导"尝试做几件事：帮助组织内的人在工作上取得成功；帮助他们成为领导者；设法为组织之外的更大的社区服务。

摩根曾经是一名军官，退役后与人合伙创办了利事达公司。他指出，服务型领导源于军队。在军队中，人们期望的领导者要能够让其他人做好成为领导者的准备（原因是现任领导者随时可能在战斗中牺牲，其他人必须准备挺身而出）。摩根说，军队中的领导者也知道，在战场上，尤其是在生死攸关的时刻，这支队伍的成败取决于每个人是否有能力胜任自己的角色。这个现实也激励着领导者去做一些必需的工作，帮助队伍中的每个人提高技能。

但摩根和其他人都承认，将这种以服务为导向、以人际关系为基础的领导方式引入商业领域并不容易。把领导者作为一个实地"帮助者"的概念，与许多高层官员和高管青睐的远程"命令和控制"方法背道而驰。服务型领导方式需要领导与员工间更密切的接触，需要更多"软"技能，如倾听、有效的沟通和指导。它需要一种在领导者圈子里似乎供不应求的品质——谦逊。

我有信心保持谦逊吗

组织心理学家托马斯·卡莫洛-普雷姆兹(Tomas Chamorro-Premuzic)说,研究表明,没有领导力的群体"自然倾向于选择以自我为中心、过度自信和自恋的人为领导者",他解释说,我们"通常把自信的表现误解为能力的象征"。普雷姆兹在一篇题为《为什么这么多庸才成为领导者》(Why Do So Many Incompetent Men Become Leaders)的文章中写道,男性通常是这种错误的受益者。

过度的自信会滋生傲慢,从而影响组织文化。研究过"执行傲慢"的顾问乔纳森·麦基(Jonathan Mackey)和莎伦·托伊(Sharon Toye)表示,问题往往始于那些"自信外露"的领导者(正如他们被期待和训练过的那样),而这一点也会在其他人身上有所体现。领导者身上还有其他更有害的行为,包括事无巨细、亲力亲为、求全责备、容不得不同意见、藐视规则及自我美化。

一直以来,领导者的这些行为会引人不满,如今这样做肯定会导致失败,因为这往往与日益重要的创新,员工投入度、忠诚度及协作等的需求背道而驰。尽管如此,领导者仍然要"自信外露",以便向追随者灌输信念。因此,当今领导者的平衡之道就是自信而谦逊:愿意质疑自己的判断,顺从他人的需要,分享荣誉,同时要表现出一种权威感、勇气和对自己的信念。正如科南特所说:"我必须承认我可能没有答案……但同时也要自信,我可以帮助大家找到答案。"这可以归结为每个有抱负的领导者都应该问的第二个问题:"我有信心成为一个谦逊的领导者吗?"

对于有抱负的领导者来说，第三个问题涉及 VUCA 问题中的 U，即"不确定性"。今天要成为一名领导者，你就注定不仅要容忍不确定性，还要接受不确定性。在过去，一个领导者可能会制定运营组织的策略和方法，然后几年内都是依靠这一策略和方法——只要坚持做。但是现在变化太快，以前有效的方法用到现在可能行不通。因此，今天的领导者必须不断改变策略、修正方向，这对任何人来说都是有困难的，即使像爱彼迎的联合创始人布莱恩·切斯基（Brian Chesky）这样的硅谷企业家也是如此。"我不得不接受这样一个事实，那就是我会一直处于大航海时代的未知水域，我将不断地做一些我从未做过的事情。"切斯基告诉《纽约时报》的记者，并补充道，他"必须学会适应一个模糊的角色"，在那些不确定的环境中取得成功，他说："我学到的最重要的事情就是学习。"这也为那些有抱负的领导者提出了第三个关键问题："我能学会持续学习吗？"

要做到这一点，领导者必须避免依赖旧的思想和策略？是的，即使是已经成功的思想和策略。波士顿咨询集团的罗斯林德·托雷斯（Roselinde Torres）说，今天的领导者必须问自己："我是否有足够的勇气放弃过去？"在摆脱旧观念的同时，领导者必须不断尝试新观念，愿意迅速推出并测试新观念，愿意同样迅速地改变或抛弃它们。

一位学习型领导者还必须不断满足和培养自己的好奇心。与提问一样，好奇心并不是一种传统的领导者特质。在普华永道的一项研究中，如今好奇心被认为是 21 世纪的顶级领导素质。对于那些想知道"我该如何激发出自己的好奇心"的人，一家创意咨询公司的首席战略官约翰·马歇尔（John Marshall）建议，从你的日常日程安排到与你互动的人，观察每件事，然后问自己："我周围是否有鼓舞人心、有时甚至是古怪的思考者？我的日程安排是否挤满了会议和日常决策，我还有时间去探索新的领域吗？我是否充分利用了每次互动，从同事到司机，询问新人的想法和感受？"

马歇尔认为接触多元化影响很重要，这个观点引出了对21世纪领导力需求变化的另一个看法，并把我们带到了有抱负的领导者面临的最后一个关键问题上。过去的领导者往往倾向于把自己周围的人变得都和自己一样，这可能会导致一些问题。其中之一就是领导者最终陷入了一个同质化的泡沫，在制定战略或试图评估泡沫之外发生的事情时，他没有办法接触全面的观点和影响。

托雷斯指出，泡沫可能会限制领导者预见变化的能力。她说，拥有一个多样化的人际网络有助于看清趋势和文化模式，所以每个领导者都必须问："我是不是可以召集不同的人来给我分享一些我可能遗漏的观点？"

德勤的一项研究发现，多元化的组织表现得更好，但该研究也发现，多元化被大多数高管视为最不紧迫的问题之一。谷歌的大卫·彼得森表示："多样化与更好的业绩相关，但高层领导者并没有认真对待这一点，这是一个有趣的悖论。"

为什么领导者对促进多元化的抵制仍然存在？"我们经常听到关于好小伙网络……但在某种程度上，我们都有一个与我们相处融洽的人际网络。"托雷斯说。处于领导位置的好处之一是，领导者可以雇用和提拔自己"喜欢"的人，这些人通常是和他们一样的人，不管是性别、种族、阶级、年龄还是或性格类型（如性格外向的人只想和其他性格外向的人一起工作）。对于那些渴望创建一个由志趣相投的伙伴组成的、相处融洽的俱乐部的领导者，你应该停下来问第四个关键问题，以确定自己是否具备 21 世纪领导者素质："我是否在寻求以自己的形象创建一个组织？"如果答案是肯定的，那就用你自己的时间成立一个"好小伙"俱乐部，但不要对一个需要尽可能多样化思维的组织设置这些限制。

考虑了这 4 个"启动"问题，探究了你想成为领导者是否是基于正确的原因，假设答案是肯定的，这只是领导力提问过程的开始。随后还有许多提问将在你与他人持续的面对面互动中进行。但是，当你开始形成一种独特的领导理论和策略时，还有一些自我提问的方式可以指引你。这些都必须得到单独考虑，需要足够的时间和深思熟虑。

判断是否准备好成为 21 世纪的领导者，你可以这样问：

- 为了帮助他人前进，我愿意退后吗？很多志在成为领导者的人是升职的明星和高绩效人员，但是作为领导者的成功更多地取决于帮助他人取得成功。

- 我有信心保持谦逊吗？这个平衡点就是你足够谦逊地承认你并不能解决所有的问题，同时你有信心可以帮助公司找出这些问题的答案。

- 我能学会持续学习吗？日益增长的不确定性意味着今天的领导者不能依赖自己的专业知识。他们一定是不知疲倦的学习者。

- 我是否试图以自己为模板创建一个组织？大多数领导者周

围都是和自己相似的人，这使组织丧失了所需要的多样化思维。

为了做领导我为什么必须往后退

成为领导者后，你的时间会被无尽地占用。总有一个决策需要你做，一个问题需要你解决，一个紧急的电话无法耽搁。

面对这么多压力，一个领导者能抽出时间放慢脚步思考吗？让我们问问沃伦·巴菲特。巴菲特说："我坚持每天花很多时间坐下来思考。"他的商业合伙人查理·芒格表示，巴菲特的日程安排中有几天只是简单地标注为"理发日"，没有其他安排。在那些日子里，巴菲特把头发剪了，将剩下的时间留给自己用来思考。

像巴菲特这样成功的领导者，留出时间思考是有充足理由的。根据波士顿咨询集团的研究，"反思能带来更好的创新洞察、战略和执行"。波士顿咨询集团坚持认为，对于那些花费大量时间去"救火"的领导者来说，至关重要的是，找时间停止响应和解决问题，以便让大脑以不同的方式工作，那就是连接不同的思想、寻找意义、努力解决潜在的问题、设想未来的可能性。这种反思性思维方式能够使领导者"厘清大局"。

道格拉斯·科南特说，这样做可以帮助领导者更有效地应对可能出现的意外挑战。"对于一个领导者来说，反思绝对是重要的，因为它能帮助你牢牢地把握自己的原则。当变化来临时，你不用手忙脚乱地去应对。"专门设定时间进行反思是一种提前努力思考的方式,这样你就可以形成"随机应变的领导方式"。

但是你怎么才能挤出时间呢?深入的思考和反思常常被更紧迫的要求挤出日程安排。唯一的解决办法是提前安排时间进行定期反思,然后确保它不受影响。你可以把反思安排在每天的早些时候、晚些时候或介于两者之间的任何时间。科南特说:"如果领导者说他们没有时间思考,那就是胡说八道。如果真的有必要,可以早起一个小时。"科南特特别提到,他养成了一个习惯,每天清晨在自家花园里喝咖啡时思考关键问题。"你总能以某种方式来安排时间,但你必须要自律以留出那些时间。"

理想情况下,你应该留出足够的时间(如一小时)来进行深入的、不间断的思考,并写下或记录自己的思考和想法。但反思可以在更短的时间发生,"这是你每天可以在一分钟内完成的事情。"谷歌的彼得森说。他补充说,当你锻炼身体或花上下班路上的时候,找到那一刻。彼得森也认可"边行动边反思"的做法,当你在做某件事的时候,想想发生了什么,这里到底出了什么状况。然后在采取行动之后,看看什么有用,什么没用,接着问自己,"我本可以做出什么不同的选择?"

"反思是一种个人活动,或者至少应该以这种方式开始,"科南特说,"当你第一次思考这些领导力问题时,你真的需要全力以赴地对待这些问题,这样你就可以形成自己的观点,这就是我对这个问题的真实看法。然后写下来,再想一想。"

在某个时刻,但不要太仓促,你也可以将值得信赖的伙伴带到反思过程中,这样做也是很有帮助的。科南特说,当你问这样的问题:"我的想法对你来说合适吗？听起来像我吗？我遗漏了什么吗？"你的伙伴在那里扮演想法的咨询师。

我的原则是什么

为了组织的目的，在反思期值得考虑的关键问题可以分为3个主要领域：核心价值观、当前的重点和未来的愿景。为什么分成这3个领域呢？因为，它们对成功的领导者至关重要，提出了需要深思熟虑的难题，它们往往会因为更迫切的问题而被忽视。

审视核心价值观可以分为两个阶段：第一，审视个人价值观（指作为领导者，你个人相信和希望体现的价值观）；第二，审视组织价值观（团队所代表和渴望拥有的价值观）。价值观问题在一定程度上集中在指导原则上，但也可以包括目标、历史、身份及任何可能定义你是谁的领导者，或组织代表什么的内容。

关于个人价值观，科南特建议从这个问题开始："我的准则是什么？"正如他所定义的，准则是指引你成为领导者的一系列原则和行为。在塑造自己的价值观和原则时，你可能会受到他人的引导。"想想那些在生活中对你有深远影响的人，"科南特说，"可能是你的祖父母或老师——我发现对大多数人来说，价值观准则是在成长期被培养出来的。"

另外，著名投资公司桥水基金的创始人瑞·达利欧（Ray Dalio）警告说，简单地适应别人的原则而不深入思考，"可能使你面临行事方式与你的本性和追求的目标不一致的风险"。

达利欧和科南特都表示，确定自己领导原则的最佳方法之一是回顾自己过去的经历，尤其是具体的成就和个人成长阶段。然后问自己这样的问题：我什么时候的状态最好？当时是什么驱使或激励了我？我在与他人共事时学到了什么？在这样做的过程中，我什么时候特别高效？那是什么导致的？我什么时候开始有了自己的原则立场？我尽力做过什么来捍卫这些原则立场？

反过来说，当仔细审视失败或遇到的挫折时，达利欧发现，他的许多原则都是从研究自己的错误中得到的。因此，在这种情况下，我要问的问题可能是：当我未能有效地实现目标或带领团队的时候，我做错了什么？我什么时候没有表明立场？为什么？

在思考这些经验和教训时，请记下这些要点，从中找到不断出现的模式或主题。例如，如果你发现自己最好的一些经历都是在保持开放和透明的情况下获得的，而失败则与缺乏透明度有关，那么这就可以作为指导原则或价值观的基础。

对自己的价值观有一个更清晰的认识，可以巩固和强化你作为领导者的个人"准则"，它可以对你的行为产生强烈的影响。安吉·摩根谈到了"加勒提亚效应"（Galatea Effect）（这一现象的名字源于一个象牙雕像复活的希腊神话）。研究人员发现，如果你认为自己是真诚的，那你就更倾向于做一个真诚的人。正如摩根所说："你会是一个说真话的人，即使这样做会让人觉得不舒服。"

作为一个领导者，不仅自己要有准则，而且要清楚地与他人沟通。作为一个领导者，最好的沟通方式就是通过自己的行为来表明自己的"立场"；这些价值观必须像加勒提亚效应一样，定期生效。

在向他人传达你的价值观时，行动最能说明问题，但言语也很重要。你可以以宣言的方式分享你的价值观和原则。但没有什么比叙述更有效了。所以问问自己："我有什么故事吗？"为了言简意赅，你可以把自己的故事浓缩一下，这样就能回答这个问题："我的故事线（故事线是好莱坞编剧用来描述一个故事的一两句话的摘要）是什么？"

每个强有力的领导者都应该有一个简洁的故事，告诉人们你来自何方、你是如何来到这里的、你又将走向何处，你的价值观就嵌在这些潜台词中。例如，他出身卑微，在一家车库里用极少的预算创办了自己的公司，做了别人不曾涉足的事情并取得了成功。后来，他在经济衰退的环境中几乎失去了一切，但他奋力拼搏、力挽狂澜，现在正把他的事业推向一个全新的高度。

你的追随者应该知道这个故事。比如，在学校，洛佩斯让她的学生详细地了解她的故事：她是如何从一个移民家庭里成长起来的，如何以半工半读的方式读完大学，如何尝试不同的工作，直至找到自己喜欢的职业，最终用凑齐的资源开办了自己的学校。这些故事可以激励追随者，也是一种自我激励，敦促我们不辜负自己的故事，并为自己的人生不断添加更好的新篇章。

你怎么知道自己是否遵守了自己的价值观和原则？每天、每周或在发生了重大事件及行动后扪心自问："我是否遵守了自己的准则？"在日常生活中要达到高标准很难，但是如果你觉得做得不够，就将它看作一个学习的机会："我的行为在哪些方面与我所宣称的价值观不符？我该怎么做？"

确定领导原则，你可以这样问：

- 谁对我的成长有影响？领导者的价值观是早期被灌输的，通常来自亲戚或老师，重温那些经验教训。

- 我什么时候的状态最好？研究你过去的成功来评估你的优势和有成效的行为。

- 我什么时候做得不够好？为什么？失败中通常包含有用的经验教训，其有助于你制定指导原则。

- 我支持或反对的是什么？这个问题可以帮助你梳理清楚什么对你来说最重要，什么应该成为你的领导力准则。

- 我的航海日志是什么？通过一个故事来分享你的价值观，并将它归结为一两句话，总结出你作为一个领导者的关注重点。

如果一个领导者应该有自己的准则和故事，那么一个组织也应该如此。二者可能不是同一个准则，但是，可能会有重叠。试图揭示和梳理公司的准则，用"我们"代替"我"，也要对过去提出类似的问题，"从我们为什么会在这里开始？"大多数组织开始时都有明确的目标（去解决某个问题，满足未满足的需求），但随着时间的推移，这个目标可能会变得模糊。回顾一路走来的起起落落：作为一个组织，我们什么时候处于最佳状态？在我们发展的整个历程中，我们坚持的立场是什么？我们为什么重要，对谁重要？

我们为什么重要，对谁重要？这是一个值得深思的问题，因为这个问题抓住了组织为什么存在的本质。在我们设法解决这些问题时，有很多方法可以重新定义这些问题，这些方法改变我们看待这些问题的视角。我个人喜欢乔氏超市（Trader Joe's）的前任总裁道格·劳赫（Doug Rauch）分享的这个版本：如果我们明天就消失了，谁会想念我们？《快公司》（Fast Company）的联合创始人威廉·泰勒（William C. Taylor）建议这么问："我们应该做什么事，而且这些事是其他组织不能或不愿做的？"

这些关于"为什么一个组织很重要"的基本问题表面看起来没有必要——感觉这些问题可能早就有了答案，不用费事再讨论了。但领导者的一项重要职责就是让公司的核心理念、价值观和意义深远的故事保持稳定。一个组织存在的理由可能会随着时间的推移而改变，所以这些基本问题必须定期被提出来，以强化公司的基本真理，并确定这些原则是否依然有效。

组织的领导者不仅需要阐明公司的立场，而且需要清楚地表明它反对什么。卡内基梅隆大学新设立了一个领导力系，其联席主管利安娜·迈耶（Leanne Meyer）表示："这是商业界领袖的期望出现了转折点。"她指出，客户和员工比以往任何时候都关心一家公司所坚持的操守、道德和政治立场。过去，商业界领袖通常避免卷入被认为有争议的或政治性的话题。如今这样做会冒着被视为不关心重要的社会问题的风险，而这些问题可能对大多数客户和员工有着深远的影响。

04　管理问题清单

领导者必须提出超越底线的问题，找出组织应有的行为模式。这个领域的专家顾问蒂姆·奥格尔维建议现在每个领导者都应该考虑：我们怎样才能把一家公司变成一项事业？如果一个组织被视为致力于一项有价值的使命，那么它可以激励员工并与客户建立更深的联系。

但是要被人看作一项事业而不只是一家公司，我们就不能只为该事业贡献，这需要通过公司的行为、政策及相关的贡献来表达对有价值的理念或思想有持续一致的承诺。在理想情况下，在这项事业中，组织应该处于独特的领导和支持地位，例如，为食不果腹的人提供食物的食品公司，每售卖一双鞋就捐赠一双新鞋的制鞋公司。领导者必须考虑到组织的特殊优势和核心价值观，然后在世界上找到一个跟自己匹配的需求，接着问自己：组织的更高使命是什么？

梳理组织的使命，你可以这样问：

- 如果我们明天消失了，谁会想念我们？这个推测性的问题有助于梳理清楚组织为什么重要及对谁重要。

- 我们做了什么别人不能或不愿做的事？这个问题把焦点转移到了组织的优势和独特性上。

- 我们反对什么？说出你的目的很容易。但对于一家公司来说，反对某件事的风险更大，因此分量更重。

- 我们怎样才能做到不只是一个公司，而是一项事业？越来越多的人期望组织为员工、当地的社区和世界做出有价值的贡献。

我该在什么事情上采取大动作

在一个更加复杂、要求更高的环境中，在压力之下，领导者可能不得不做越来越多的事情：追逐每个机会，拥抱每个新的可能性，充分利用最新的趋势。这样做很快会使领导者陷入一个陷阱，他们想做的越多，实际能完成的就越少。畅销书作家兼管理顾问格雷戈·麦吉沃恩认为，这是当今领导者面临的最大的威胁之一。

麦吉沃恩是通过研究一个有趣的问题开始理解这种威胁的本质的：为什么成功人士会被琐事绊倒？麦吉沃恩发现，不少领导者在工作中的假设是"越多越好"，而问题似乎在领导者和组织变得更成功时才会恶化，因为"成功分散了注意力"。

因此，当一家最初只是针对特定细分市场创立的公司获得成功后，它很快扩展到各个新领域，多种战略并行。公司的产品激增，每种产品都变得更加多样化和复杂化。领导者的日程也因为有太多的要求、不间断的会议和太多的"紧急优先事项"而崩盘。麦吉沃恩指出，你不可能有20件同时有优先权的事情。

考虑到领导者往往是决定和为他人设定优先事项的人，麦吉沃恩称专注于最重要的事情的能力为"精要主义"，这是一项关键的领导技能。为了更好地减少工作量，领导者必须做出一些重要改变。为此，你需要改变态度。麦吉沃恩在这个好问题中抓住了这一点：如果我们不再把庆祝忙碌作为重要性的衡量标准，会怎样呢？

除了观念上的改变，行为上的根本改变也是必要的。当领导者面对无数的可能性时，他必须在其中做出选择。麦吉沃恩说，当出现可能性 A 和 B 时，一个精要主义者会深思熟虑"我究竟想要哪个？"，而不是条件反射地询问："我怎样才能两者兼得呢？"。

提问是让重点精简、精确的重要工具。检验是否存在"无节制地追求多样性"的有效方法是训练自己，当每次有额外增加的任务时你都问自己："这是必要的吗？如果加上这个，我们会失去什么？"

已故的史蒂夫·乔布斯是高度专注型领导者的典范。总体来说，他不是一个完美的领导者。他经常斥责员工，如果用"远见卓识的帮助者"标准来衡量乔布斯的工作，他在"帮助者"这部分做得是不够的。但在"远见卓识"方面，乔布斯表现得极其出色，背后的原因就是他像激光一样专注。正如他的传记作者沃尔特·艾萨克森（Walter Isaacson）所说，乔布斯有一点闻名于世，他常常把苹果顶级的思想家召集起来，并请教他们："我们接下来应该做的 10 件事是什么？"当这个小组努力把自己的想法列入"十大"名单后，艾萨克森指出，"乔布斯会把最后的 7 件事删掉，然后宣布：'我们只能做这 3 件事'。"

一般来说，做减法比做加法难，说"不"比说"是"难。"当领导者否定某件事时，也就等于否定了那个人，这样做的确需要勇气。"执行教练迈克尔·邦盖·斯坦尼尔说。他补充道，这还需要自律和勇气来"致力于你关注的几件事情，而不是做一堆其他事来掩盖自己的缺点"。

但是，通过专注于更少的事情，你可以在那几件事情上投入更多的精力和资源。麦吉沃恩说，如果我们倾向于以消极的方式看待这种取舍，那么我们应该重新思考看待它们的方式："与其问我必须放弃什么，不如问我应该在什么事情上大展拳脚。"

不仅要对这些新的可能性和选项提出疑问,而且在许多组织中,现有的项目和流程会随着时间的推移逐渐被建立起来。领导者往往对增加新东西感兴趣,却没有考虑减少旧东西。彼得·德鲁克认为,要与这种囤积习惯做斗争,领导者要经常问自己,我们应该停止做什么?德鲁克将这种扬弃行为称为"系统性放弃",他认为这至关重要,它避免了让公司的战线拉得太长。

一个组织中几乎每个烦琐的程序都应该遵循最基本的"为什么"原则:为什么会有这个规则(或这个流程)?考虑最初实施的原因后,必要的后续问题是:如果它曾经有意义,现在还有意义吗?

当试图找出并废除那些不再有用(也许永远不会有用)的政策时,问问那些不得不遵循这些政策的员工。咨询师莉萨·波德尔(Lisa Bodell)建议给公司里的人一个决定权:你最想废除的愚蠢规则是什么?不过要提供一些护栏,波德尔说(有些规则可能是绝对必要的,甚至取消它们是违法的)。另外,要问一下这些员工为什么要废除那些规则,他们如何改进这些规则,他们是否认为这样做很困难。

在用问题给领导者的活动设定优先级并充分利用其有限的时间方面,安吉·摩根说,每天早上她都会问自己一个"HBU"问题:此时此刻,什么是最高效、最好的利用自己时间的方式?

当然,要回答这个问题,你必须先问另一个问题:现在真正重要的是什么?在任何一个特定的时间,领导者都应将有一些事情放在优先位置,领导者的任务就是弄清楚它是什么,然后投入时间和资源。哈佛大学的詹姆斯·瑞安(James Ryan)习惯将"什么真正重要?"作为自己的 5 个基本问题之一。他说:"无论何时做决定,无论决定的大小,这都是一个很好的问题。例如,我认为在每次会议开始时,领导者都应该问"这次会议真正重要的是什么?",如果你想不到有什么重要的事情,就回到摩根的问题。这可能并不符合"最高效、最好的利用"时间的条件。

还有一个问题可以帮助领导者集中注意力,这个问题被恰如其分地称为"集中注意力"问题,由知名房地产公司凯勒-威廉姆斯(Keller Williams)的联合创始人加里·凯勒(Gary Keller)提出。凯勒建议,一个领导者在开始迎接挑战时应该问这样一个问题:"如果我只要做一件事就能让其他事变得更简单或不再必要,那这件事会是什么?"

凯勒的问题要求你专注于一个优先事项,而不是一个冗长的待办事项清单,这样你就可以立即着手做这项重要的工作了。例如,如果一名领导者希望在激励创新的同时提高员工士气,那么"有一件事"可能会使这一切变得更容易,那就是实施一项政策,让员工有更多的时间做自己的项目。

根据你想要达到的目标的复杂程度找出"那件事"可能需要一些逆向思维,但凯勒说,他发现当人们思考这个问题时,他们通常都能想出一个好答案。他建议,一旦你心里有了答案,你或你的团队就应该设法弄清楚要花多长时间才能完成这件事,然后立即锁定时间去完成。

做精要主义领导者,你可以这样问:

- 如果我只要做一件事就能让其他事变得更简单或不再必要,那这件事会是什么?请在任何新的挑战或项目开始时提出这个"聚焦"问题。(加里·凯勒)

- 我们应该停止做什么?练习"系统性放弃"。(彼得·德鲁克)

- 问"我想做什么大事?",而不是问"我将要放弃什么?"。(格雷戈·麦吉沃恩)

- 哪些愚蠢的规则应该被废除?把这个问题分享给员工,看看他们的选择。(莉萨·波德尔)

- 此时此刻,什么是最高效、最好的利用自己时间的方式?用"HBU"问题让个人产出最大化。(安吉·摩根)

我们怎么做会让公司停摆

领导力大师沃伦·本尼斯(Warren Bennis)[①]认为:"管理者的眼光总是盯着盈亏线,领导者的眼光总是盯着地平线。"领导者总是对远处可见的迹象(比如一项刚浮出水面的新技术或新趋势)保持警惕。但如今,领导者还必须是未来主义者,能预见到那些还没有出现的变化,因为这些变化可能还需要几年才会发生。

---

① 沃伦·本尼斯是领导力之父,四任美国总统顾问团成员。其作品《成为领导者》已由湛庐引进,浙江人民出版社于 2016 年出版。——编者注

从冲浪者的角度来说，领导者现在必须注意"第三波浪潮"。惠普公司前首席执行官戴恩·韦斯勒（Dion Weisler）表示，"第一波浪潮"是你目前所处的浪潮，也是当前的核心业务。第二波浪潮刚兴起，代表即将到来的新增长机遇。第三波浪潮则在未来——想赶上这波浪潮的冲浪者要回家去"查一下天气预报，看看下一个大浪什么时候来"。

拥有远见卓识的领导者不仅必须能够预见第三波浪潮，而且必须事先弄清楚组织如何才能更好地驾驭它。这就需要提出一些新问题，这些问题不同于那些更容易被关注的、更敏锐的当下问题；而是能帮助领导者深入挖掘持久价值的问题。"有远见"的问题往往是探索性和推测性的，使你能够预见未来。我认为这些问题可以帮助你释放"内心的埃隆·马斯克（Elon Musk）"。

对于领导者来说，展望未来并不容易，其中的原因有很多。要找到关键问题并不容易，预测也可能不可靠。此外，当下的压力往往会让我们把注意力集中在眼前的危机或迫在眉睫的最后期限上。我们在认知上偏向于对正在发生或最近发生的事情给予更多的重视。"如果我是一个领导者，我就会痴迷于当下的小问题，而对未来几年要出现的重大问题，我恐怕就不能给予足够的思考。"为公司从事长期规划的顾问唐·德罗斯比（Don Derosby）说。为了应对这种情况，德罗斯比鼓励领导者"改变他们的时间参照"，鼓励他们尝试从未来一年、两年、五年的角度思考当前的问题。

要想思考未来，你必须首先试着设想未来，要做到这一点，首先要问问题。例如，德罗斯比喜欢使用他所谓的"预言问题"，他可能会问一个客户：如果有一个预言能告诉你三年后会发生什么，你最想知道的是什么？显然，没有预言能够给出答案，但问这个问题的目的是鼓励人们关注未来，带着对未来的设想来思考当前的问题，并试着想象那时最重要的事情是什么。对预言问题的回答可能会启发研究和实际的场景规划——实际上，一旦你想到了预言问题，你就必须试着做预想中的工作来回答这些问题。

推测性问题可以用来预测未来的潜在威胁。在这些问题中有一个最受欢迎的问题，出自纽约的餐饮老板丹尼·迈耶（Danny Meyer），他喜欢问这样一个问题："我们怎样做会使我们的公司破产？"这个问题让你想象未来的竞争对手：这个掠食者长什么样，为什么它会比我们有优势？明白这一点后，你可以想想如何让自己变得更像潜在的掠食者。在迈耶的案例中，他备受欢迎的高品质汉堡和奶昔连锁店就是从这类提问中产生的。

当考虑未来的机会时，领导者可以用思辨性问题突破可能性的界限。例如，每个领导者都应该问："如果我们有能力更快、更有效地完成我们现在所做的事情，那是什么让我们能达到这个目标呢？"考虑到进步的性质，我们可以假设，这个问题的第一部分可能成为现实，因此做出预测，并为第二部分规划。

领导者还可以从员工的角度思考未来的可能性："如果我们为员工创造一个理想的工作场所，他们的日常工作会是什么样？"同时，也要对你的客户进行推测性询问，麻省理工学院的迈克尔·施拉格（Michael Schrage）教授认为，领导者应该问："我们希望我们的客户变成什么样？"

你越能准确地预测未来的变化,你的推测性问题就越好。怎样才能更好地预见这些变化?让我们回到戴恩·韦斯勒关于第三波浪潮的比喻,你可以阅读"天气预报",其实不乏商业未来学家和预测家提供的预测性研究和报告。除此之外,波士顿咨询集团的罗斯林德·托雷斯(Roselinde Torres)还敦促领导者要意识到,日常活动和互动有助于拓宽你对正在发生的事情和未来可能发生的事情的视野。她说:"你和谁在一起,讨论什么话题,你要去哪里,你在读什么,这些将帮助你识别趋势和模式。"

"有远见的领导者"应该向前看多远?德罗斯比建议分阶段思考未来:一年后、两年后、五年后。商业顾问苏茜·韦尔奇(Suzy Welch)提出了一个不同的衡量标准来权衡重大决策:这项决策在10分钟后、10个月后和10年后会有什么变化?

在一些真正重要的问题上?例如,你的商业运营可能会对环境产生怎样的影响——可以考虑基于古老的易洛魁原则提问:"第七代人会如何看待我们正在做的事?"易洛魁人(Iroquois)的和平法则认为,每项决定都应考虑到它对后代可能产生的影响。

"有远见的领导者"不仅必须为本组织前进的方向规划指导性的愿景,而且必须能够与其他人分享这一愿景。许多人通过发表某种形式的"愿景宣言"来做到这一点,不过,要让人们看到未来,证明会比说教更有效。如何做到这一点取决于每个领导者,但首先要问自己:"我如何才能让明天变得可见?"洛佩斯校长就是一个很好的例子。她对她的学生提出了一些设想,有朝一日他们将进入顶尖大学学习,但她不只是口头说,她还安排学生去哈佛大学旅行,这样,孩子们就可以想象未来自己在那里的情景。

对于那些使用愿景宣言的领导者，他们可以考虑在措辞和标点符号上做一点儿改变，把这个封闭的宣言变成一个"愿景问题"。当你把陈述变成一个问题时，它会变得更有吸引力。提问的方式是开放且具有前瞻性的，它让人们思考这个问题及其可能性。

例如，耐克的愿景宣言，"为世界上的每位运动员带来灵感和创新"，可以重述为"我们是如何为世界上的每位运动员带来灵感和创新的"；美国西南航空公司的愿景宣言，"成为世界上最受欢迎、飞行里程最多、盈利能力最强的航空公司"，也可以用"我们怎么成为"取代"成为"来实现类似的改变。

在把陈述句改成疑问句后，你就要把这个问题分享给每个下属，要求他们对这个愿景问题负起责任，并努力回答这个问题。

预测公司的未来，你可以这样问：

- 我们如何做会使我们的公司破产？从设想一个并不存在的威胁开始。

- 我们如何应对第三波浪潮？这不是你现在所处的浪潮，也不是你能看到的刚兴起的浪潮，而是还未到来的浪潮。

- 如果预言能告诉我们 5 年后的业务，我们会问什么？去想想那些最关键的问题；然后着手解决它们（因为你就是先知）。

- 第七代人会怎么看待我们正在做的事？请向易洛魁人学习长期规划。

- 如何才能让明天可见？通过让人们瞥见更美好的未来来激励他们。

- 我们的"愿景问题"是什么？忘记愿景，用一个开放式的问题来追寻未来。

这就给我们带来了领导者作为"有远见的帮助者"的下一个挑战，当提问方式从内到外转换时，我们要从"远见卓识"转换到"帮助者"。

我能帮什么忙吗

当道格拉斯·科南特被问及 2001 年他进入金宝汤公司时公司的状况时，他直言不讳：他说自己踏入了一种"有毒的文化"。科南特被任命为首席执行官时，正面对着一个一年内市值就缩水一半的公司。公司的前任领导犯了一系列错误，这导致公司无法完成业绩目标。于是，公司开始裁员，甚至开始在产品质量方面妥协。科南特说："他们真的开始对鸡肉汤偷工减料。"

但最大的问题或许是员工士气不足，这是以"敬业度"来衡量的。科南特请来了盖洛普公司进行了一项员工敬业度调查。他说："当时，我们员工的敬业度是他们调查过的《财富》500 强企业中最差的。"每两个被调查的员工中就有一个在找工作。

因此,科南特开始推行各种改革——广告、店内展示,甚至是鸡肉汤要用真材实料,其中,他最先考虑的事情就是提振员工士气。科南特坚信,要想在市场上取胜,首先要在工作场所取胜。这一理念在他此前成功领导的纳贝斯克公司(Nabisco)得到了证实。对于科南特来说,这一理念实际上可以追溯到更为久远的时期。他回忆说,在职业生涯的早期他突然被通用磨坊解雇,然后"被赶出了公司"。在他离开的时候,有人给了他一个猎头公司的电话号码。他打电话过去,一位顾问拿起了电话,说道:"你好,我是尼尔·麦肯纳(Neil Mckenna),我能帮什么忙吗?"

麦肯纳不仅帮助科南特在职业上重回正轨,而且鼓励他接受一种管理方法,这种方法根植于一个基本问题"我能帮上什么忙?"。"我开始相信,从领导者的角度来看,这是一个终极问题。"科南特说。对于一个领导者来说,要定期并有效地提出这个问题并不像看上去那么简单。科南特说,如果要有效地用好这个问题,你必须谦逊;你必须真诚地帮助别人;你必须愿意根据别人的反应行事。

科南特把他的问题和计步器一起带到了金宝汤。他相信最好的提问方式是跟全公司面对面交流,于是他决定每天走一万步,尽可能走遍公司的每个角落。他在大楼里四处走动,每到一个站点,都会询问对方工作进展如何,他们所面临的最大挑战是什么。结束的时候他都会问对方:"我能帮上什么忙?"

管理者总是习惯于寻找需要解决的问题,然后,他们常常会问:"这里出了什么问题?"科南特采取了一种不同的方法,努力更多地关注积极的进展:"什么事情进展顺利?我们做得对吗?"当他发现公司的小进步时，他也会高调地庆祝。他每天手写 20 张便条，每张便条写给一名员工，表扬该员工的一项具体成就（他在金宝汤工作的 10 年，估计写了 3 万张便条）。

科南特很快就扭转了金宝汤的业绩，公司的销售额、营收和股价开始上涨，在接下来的 10 年，科南特的业绩一直上升，直到他 2011 年退休。不过，科南特特别自豪的是金宝汤的员工在他任期内敬业度的大幅提高。这家公司从《财富》500 强中敬业度排名垫底的公司变成了员工敬业度排名最高的公司。

如今，作为领导力顾问，科南特继续倡导一种根植于互动、提问、倾听和帮助的领导方法。对于忙碌的高管来说，让他们接受这种方法很难，他们中大多数人都会"将这些互动搁置，因为他们在忙着完成'真正的工作'"，科南特说，"互动才是真正的工作"。

金宝汤在 2001 年面临的问题：大部分员工都想另谋高就，这个问题现在在很多公司也很常见。有研究表明，现在的员工敬业度糟糕得惊人。从某种程度上看，1/3 的美国工薪阶层在工作上没有体会到参与感。这是当今领导者面临的最大挑战之一。

没有什么灵丹妙药，没有办法确保每个人在每个地方都喜欢工作。但是，像科南特这样一位脚踏实地、高度敬业、善于提问的领导者，能够做很多事情来提高员工的士气和绩效水平。善于提问的领导者可以在员工遇到危机前发现他们的问题和他们遇到的挫折，可以在员工最需要他的时间和地点给予他们支持和鼓励，可以在员工和管理层之间建立信任和融洽的关系。

作为直接与员工打交道的领导者，将提问作为沟通的主要方式，这不仅能帮助员工，而且为领导者提供了管理组织所需的关键信息。

麻省理工学院斯隆管理学院组织发展专家、《谦逊的问讯》（*Humble Inquiry*）的作者埃德加·沙因（Edgar Schein）[①]观察到，困扰大多数组织的问题是缺乏向上沟通，他说，这是"一个主要病症"。下属知道很多更有利于工作或让工作更安全的事，但是他们出于各种原因保留了向上沟通的想法。

当被问及为什么要隐瞒这些亟须的信息时，员工通常会回答说，老板和经理不想听到问题，或者更糟的是他们可能会"干掉传递这些信息的人"。沙因说，改变这种状况的唯一方法是让经理直接去找下属说，"我真的对此很感兴趣，我在听"。如果这还没有效果，他应该补充说，我们将"继续出现事故或产出低质量产品，因为有用的信息没有浮出水面"。

如今的领导者比以往任何时候都要警惕通用电气公司前总裁杰克·韦尔奇所说的"潜移默化的孤立"，它斩断了领导者与其他人和关键信息的联系。韦尔奇指出："你每天待在办公室里，就不会了解自己的团队、流程和市场状况。"他认为每位领导者都应该在办公桌上放一块牌子，上面写着："你为什么还在这里？"

假设我们接受这样一个前提：一个领导者应该定期离开办公室，走

---

① 埃德加·沙因是"企业文化理论之父"，组织心理学的开创者和奠基人。其作品《沙因文化变革领导力》已由湛庐引进，天津科学技术出版社于2021年出版。——编者注

出去问一些问题——可以称之为"移动式探询",这就提出了一个问题:"我应该问大家什么问题呢?"

首先,领导者应该提一些旨在引出一些有意义的回应的问题。在对"谦逊的探询"的定义中,沙因将其描述为"让人开口讲话的技巧和艺术",要做到这一点,领导者就要问一些开放性的问题,在提问背后要有真正的兴趣和好奇心。

沙因敦促领导者避免用"引导性问题、反问式问题、令人尴尬的问题或问句形式的陈述"。特别是避免提出批评性问题,例如问"这是谁的错?""你在想什么呢?",这样的问题会使人处于警惕和防御状态,从而可能导致谈话中断。如果领导者认为自己是问题解决者和疑难解答者,他可能习惯于直接关注出了什么问题和该责怪谁,但当关注的重点是优势和解决方案时,互动效果通常会更好。

我怎样才能确保对话是关于员工的需求和利益的

凯斯西储大学教授戴维·库珀里德是当前被广泛使用的"欣赏性探询"的创造者之一,他认为商界领袖往往过于关注问题。库珀里德认为(在商业案例研究中也证实了这一点),领导者可以通过提问来强调什么在起作用,员工的优势在哪里,同时以一种乐观的方式探究增长和改进的可能性,从而获得更好的结果。

这并不意味着我们应该避免面对员工可能会遇到的问题。"移动式探询"的部分目的就是找出那些存在的和应该解决的问题。这可以从正面的提问开始。例如，如果一个员工在截止日期后才交付工作，那也可以从其他积极的方面（项目已经完成、做得很好等）开始，接下来可以提一个关于错过最后期限的问题，但避免用指责的语气，比如"请帮助我了解一下是什么导致交付时间没赶上最后期限？"，然后逐步将问题转向协作解决问题的方案上："我们如何才能在不影响质量的情况下加快工作进度？我能帮上什么忙吗？"

注意在那个解决问题的互动例子中，"为什么"这个词没有出现。"为什么"这个问题在许多不同的情况下都是有用和有力的（我强烈建议当你想去理解一个问题或挑战时，问自己"为什么"），但是在直接向员工提问时要谨慎使用这个词。

斯特劳德国际咨询公司（Stroud International）的纳撒尼尔·格林（Nathaniel Greene）写道："当有人听到'为什么'或'为什么不'的时候，他们已经做好了准备为当前情况辩护。"格林指出，人们常会通过"解释为什么出了问题不是他们的错，或为什么他们无法改变现状是合理的"问题来回答"为什么"。所有这些辩护其实都是浪费时间，真正的重点应该是解决问题并向前迈进。

如果部分目标是与员工建立融洽和信任的关系，美国联邦调查局的罗宾·德雷克建议，提问的领导者必须"从被问的问题中消除偏见和自我"。德雷克经常与潜在的情报来源进行交流，必须尽快赢得他们的信任。在这样的互动之前，他会先问自己："我怎样才能确保谈话是关于他们的（他们的需求、他们的兴趣），而不是关于我自己的？"

然后，在谈话中，他会用一个思路检查表来确保自己没有偏离正轨。"我是在寻求他们的想法而不是讲自己的想法吗？我关注的是他们的利益而不是我的吗？我是不是在给他们提供选择而不是告诉他们该怎么做？"

德雷克有一个最喜欢问的问题，就是如何与情报来源建立即时的融洽关系。"我喜欢有挑战性的问题。每个人都有自己要面对的挑战，如果你能让他们说出来，这就有两个重要的作用。它会告诉你他们的优先考虑和担忧，并为你提供一个机会，让你以某种方式为他们提供帮助。"

你可以用一种通用的方式（你在这个组织中所面临的最大挑战是什么？）或一种更具体的方式来询问挑战（在这个项目上，最困难的挑战是什么？）。任何一种问题都可以帮助你确定需要的领域，并为"结束"问题做一个很好的铺垫："我能帮上什么忙吗？"

对于四处奔忙的领导者来说，最重要的事情之一就是关注员工是否在工作中取得了进步。哈佛商学院教授特蕾莎·阿玛贝尔（Teresa Amabile）的研究表明："在所有能使人们投入工作的事情中，最重要的一件就是在有意义的工作上有进展。"领导力教练马歇尔·戈德史密斯（Marshall Goldsmith）分享了一个很好的询问进展的方法："你今天是否已经尽了最大的努力去取得进展？"戈德史密斯说，以这样的方式提出问题可以让回答者更有主人翁意识。

如果有什么阻碍了员工的进步，那领导者的工作就是发现并消除这些障碍。这些障碍可能是会议太多、资源不足、培训不足。这时候最好问问其他人："我们所做的会妨碍你们吗？"他们可能会很想告诉你答案。

如果你观察到一个长期存在的问题，一名员工无法取得进展或达到预期，不要做最坏的假设。相反，咨询师约翰·巴雷特（John Barrett）建议，对于这名员工表现不好的问题，你应该问自己一些"不能、不想、不要"类的问题："是因为他们不会做、不想做，还是他们不知道该怎么做？"如果是后者，那不是员工的错——提供员工所需的指导或培训是你的责任。

除了通过提问来确定当前的关注点和需求外，你还可以通过一些问题来了解员工的目标、抱负、优势和激情所在。举例来说，通过问"你现在做的事令你最兴奋的是什么？"你可以更清楚地了解一个人的兴趣点，这些兴趣可能会成为决定因素，决定在未来的项目中如何更好地被利用。另外，通过问"是什么促使你采用这种方法的？"，你能够洞察一个人是如何思考和解决问题的。管理教练威廉姆·阿鲁达（William Arruda）建议通过问问题来促进员工的自我发现，例如"你希望自己在这个职位上如何成长？"。

询问员工自己在工作中面临的挑战，是一个了解他们是否理解组织的目标及更大的使命的好时机。领导者可能认为：他已经向员工清楚地传达了指导性的愿景，但这并不意味着员工已经接收到了这个信息。哈佛商学院的罗伯特·卡普兰（Robert Kaplan）认为，领导者应该扪心自问："如果员工被问到这个问题，他们能否清楚地阐述公司的愿景和优先事项？"与其自己揣度，领导者不如直接用这样的方式问他们："大家清楚我们在做什么及为什么这么做吗？"

"为什么"这部分是关键。任何人都可以记住并复述一个愿景宣言或公司的口号。重要的是组织中的人是否真正理解公司为什么选择走一条特定的道路并坚持某些核心原则，或为什么领导们选择做出他们上周刚刚宣布的痛苦决定。

在这些互动中，是否有空间来回答更广泛的问题，如关于员工在工作之外的激情和梦想呢？问一些关于工作之外的兴趣问题如："你生活中做的什么事情最鼓舞人心？你个人会做什么来保持学习和成长？"领导者可为建立融洽关系开辟另一条路，甚至可能找到将"外部"兴趣与组织需求联系起来的方法。如果你自己找不到这种联系，可以问问员工："如果我们想把你对 X 的热情通过某种方式带到这里，我们该怎么做呢？"

在进行移动式问询时要记住一些方式和语调：用对话语调，并使用温和的短语，如"我很好奇""我想知道""请帮助我理解"。当你提出问题时，请给人们留出时间回答，不要试图代替他们回答。但如果他们无法回答你的问题，你就不要让他们挣扎太久。可以说"我们稍后再谈这个话题"，然后继续对话。

在进行询问的时候要小心。"没有人喜欢被质问，尽管许多管理者确实受到了这种方式的启发。"迈克尔·邦盖·斯坦尼尔教练评论道，他给了一个有用的提醒："你不是去展现别人的无能，而是帮助别人发现智慧……减小压力。"

也许最重要的是遵循纳迪娅·洛佩斯校长的指导原则：如果你要问别人问题，不要匆匆忙忙过去就问。你需要花点时间停下来。当你和他们说话的时候，请看着他们的眼睛，仔细倾听。根据你所听到的，再问一些后续问题。如果洛佩斯能在拥挤的学校走廊找到方法来应对焦躁不安的初中生，你也可以找到方法在工作环境中应对成年人。

帮助员工突破瓶颈，你应该这样问：

- 进展如何？这是一个老生常谈的问题，引出的都是老生常谈的回答。

- 为什么你……？你直接向员工问"为什么？"，会让他们转向辩解模式。

- 谁搞砸了？与其把注意力集中在替罪羊身上，不如问问如何更好地解决这个问题并继续前进。

- 我们不是已经试过了吗？经常被"曾经在那里、做过那样的事"的领导说得疲惫不堪。说了太多次，人们就不愿意说自己的想法了。

- 你不应该问……

- 你面临的最大挑战是什么？你可以把"挑战"这个问题变得更具体（"关于这个项目"）或更广泛（"关于你的工作"）。

- 你有进步吗？如果员工感到"被困住了"就会产生挫败感。

- 帮助我弄明白是什么导致了……而不是问"为什么"。针对一个问题，以这样的方式开始提问，这个问题比较冗长，但没有什么指控性。

- 清楚我们在做什么及为什么这么做吗？针对公司目标、指令、政策变化和未来愿景向员工提出这个问题。

- 我能帮什么忙吗？道格拉斯·科南特的"终极的领导力问题"，如果你是认真的，那就问吧。

我为什么要鼓励大家多提问

到目前为止，我们已经考虑了领导者可以问更多问题的方法。但是，一个领导者怎样才能鼓励其他人，在整个组织（社区或家庭）更多地提问呢？

在通常情况下，最好在考虑"怎么说"之前先思考"为什么"。为什么领导者要鼓励更多的提问？为什么要揭开盖子让大量潜在的员工的问题浮出水面？

最显而易见的答案是，如今许多公司为了创新，需要从尽可能多的人那里获取新想法。各岗位的人提出的问题——一名负责审批程序和流程的经理、一名低效工作的一线员工，都可能会引发重要的变革和改进。苏格拉底曾经说过："我们所有人都比其中任何一个人聪明。"公司可以通过挖掘团队的集体智慧而变得更聪明、更有生产力。

鼓励广泛提问的原因是，企业必须应对快速而持续的变革，而提问是引发变革的一个关键的、可获得的工具。那些不断变革的公司的员工如果能够在工作中提出问题和学习，那么他就可以更好地适应和生存。

此外，好的领导者希望他们的追随者感到满足和充实（这样做也会降低员工的离职率）。学习就是人们在工作中感到充实的一种方式。事实上，研究表明，很多人一旦停止学习，就很容易离职。如果你想让组织内的人继续保持学习的状态，你必须让他们有探索、怀疑和询问的自由。

所以，这就是"为什么"的答案，这些答案很有说服力，特别是对于那些重视创新、鼓励学习、容忍独立思考和内部争论的组织来说。

宽容是很重要的。有一支充满好奇心、敬业、好问的员工队伍是一种挑战。谈论这个问题时，我有时会问领导者一个问题："如果你的下属开始在公司问更多的问题，你会怎样处理（提出的问题不应该被忽视，那样只会让提问者感到不安）？另一个问题是："如果不喜欢员工提出的问题你会怎么办？"

如果领导者没有搞明白这两点，那就说明他没有考虑过鼓励提问文化的后果。另一个更常见的警告信号：通常，高层管理人员会对员工说"不要给我提问题，给我答案"，类似的说法是"不要给我添麻烦，给我解决方案"。如果你是领导者，这听上去很像你曾经说过或会说的话，那你最好想想这类话意味着什么。

实际上，你的意思是希望有人给你带来解决方案和创新？但你对产生这些结果的混乱过程并不感兴趣。可是，创新不是这样产生的。为了鼓励创新，你必须把问题和测试当作改进或创新的潜在机会。至于那些发现问题并提出问题的人，他们在那个时刻已经贡献了一些有价值的东西。在积极的提问文化中，回答问题或解决问题并不是员工的责任。如果那个人碰巧知道答案，那太棒了，但也要根据问题的大小而定，有些问题可能需要团队的努力才能解决。

将这些归结为一个问题，那些权衡自己是否真正想要一种提问文化的领导者可能需要问问自己："我是否准备好宣布'把你发现的问题带给我们'？"因为在提问文化中，人们肯定会这么做。

至于如何培养提问文化，其实有不同的方法，但有一点是显而易见的：必须从高层开始。对好奇心的研究表明，只要提问和解决问题的方式得到鼓励，好奇心就会蓬勃发展，无论它是来自在教室的老师、在家里的家长，还是在公司的高层管理人员。

弗吉尼亚大学的爱德华·赫斯教授说："领导者必须成为良好思维的榜样。"赫斯说，他们可以通过坦诚公开自己所好奇的事物、自己如何学习和解决问题来展现自己的思维。"他们应该在所有人面前把自己的想法大声地说出来。"

好消息是，许多领导者天生就是充满好奇心的人，如记者亚当·布赖恩特（Adam Bryant）观察到的那样，这个结论基于他在《纽约时报》10多年来发表的数百篇"角落办公室"的人物画像。从他采访过的许多首席执行官中寻找共同特征时，布赖恩特发现"他们有一个相同的思维习惯，'应用型好奇心'是对此最好的描述，他们总是质疑一切。他们想知道事情是如何运作的，想知道怎样才能让事情运作得更好。他们对人及人背后的故事充满了好奇"。

为了开始建立一种提问文化，充满好奇心、善于提问的领导者应该抓住每个机会来展示这些倾向。例如，加州大学伯克利分校商学院教授莫滕·汉森（Morten Hansen）说，开会时"要问一些开放式的问题"。他指出，太多的领导者在会议开始时都会陈述自己的观点，这就导致

"会议室里的其他人都支持你"。

一个爱提问的领导者会鼓励员工有不同的意见，而不是期望员工服从他。爱迪生国际公用事业持股公司的首席执行官佩德罗·皮萨罗（Pedro Pizarro）甚至要求公司的其他高层人员公开表达不同的意见，"这样人们就会看到，我所看重的人可以和我辩论"。

把有提问行为的人树立成榜样是一个重要的开始，但这只是第一步。道格拉斯·科南特建议，任何改变组织文化的努力都会经历三个阶段：首先要弄清楚你想要的文化，其次公开宣讲这些文化，最后创造实际行动来支持它。公开宣讲的部分很简单，但许多领导者在发布宣言时并没有坚实的基础。

可以对科南特的方式稍做调整，领导者要先问自己一个可分为两部分的问题："我想要什么样的文化？什么样的行动和条件可能产生这种文化？"

我们如何使提问变得更高效

假设你所期望的文化是一种鼓励好奇心、学习和探索的文化，那什么样的条件会促进这些呢？在教育界，这是一个学校已经思考已久的问题。当教师试图培养学生的好奇心和提问能力时，对于如何鼓励学生在课堂上进行更多的探究，这个更大的挑战可以被分为四个较小的问题：我们怎样才能让提问变得安全？我们如何才能让提问值得去做？我们怎样才能让提问富有成效？我们怎样才能使提问成为习惯？

这些问题不仅适用于学校，还适用于企业和职场。我们可以举一些例子：许多学生害怕在课堂上举手提问，根据一项调查，约有 2/3 的员工认为"不能在工作中提问"。他们担心提出问题会由于各种原因而不受欢迎，甚至可能被视为不服从命令。

所以，培养探究文化的首要任务就是为提问创造一个安全的避风港。教师可以通过各种方式做到这一点：向学生明确宣布所有问题都受欢迎，不应评判任何问题；向学生单独征求问题；有时甚至组织学生活动和练习，活动的目的就是提出问题或改进问题。

那些有助于减轻孩子们在课堂上对提问的恐惧的方法，对于工作的成年人同样适用。例如，课堂提问练习可以很容易地应用于商业界，无论是小型初创企业还是大型跨国公司。把参与者分成小组可以缓解当众被提问的压力。随着参与者被要求提出尽可能多的问题，又没有被评判的后顾之忧，问题很快就会源源不断地涌出来。这有时会让企业高管感到意外，他们习惯于看到员工静静地坐在那，不敢在公司全体大会上发言和提问，但事实上，几乎所有人都会在这种高风险的环境中感到紧张。

企业领导者也可以采用优秀教师使用的"可以向我问任何事情"的原则。事实上，有些公司已经这样做了。有些公司的首席执行官每周安排一次活动回答公司任何人提出的任何问题。谷歌就是这样做的，并通过让员工在线投票选出他们最喜欢的问题请首席执行官回答。不过，公司还可以更进一步：为什么不让公司的每位经理或主管参加每周或每月的"向我问任何问题"的活动呢？

为了鼓励提问者，领导者一定要让他们明白，确实不会有人因为提问而受到评判或惩罚。如果这意味着要设计一个允许人们提交匿名问题的系统，那就做一个。但在一个健康的提问环境中，提问者没有必要隐藏自己的身份。我们的目标是创造一个环境，让人不担心提问的后果。为什么我们不做点事情来解决那些存在缺陷的问题呢？

在工作中，提问者有时受到惩罚的方式很隐蔽，那就是"奖励"他做更多的工作。当提问者问道："为什么我们在 X 这件事上做得不好？"经理可能会回答："很高兴你指出了这一点。显然你关心这个问题，所以你来负责处理这个问题如何？"这听起来像是一个机会，但提问者的工作可能已经满负荷了，或提问者缺乏解决问题的能力。这实际上就是阻止人们提出问题。

不但要停止对提问的惩罚，还要想想如何奖励。这可以归结为两个词——"精神认可"和"物质激励"。在这里，请再思考一下致力于探究的老师的工作：其中一些人创造了"奇迹墙"，展示了学生提出的最有趣、最有创意、最明智和最疯狂的问题，换言之就是所有问题。公司和其他组织也可以这样做，使用实体或在线公告板、"本周问题之星"竞赛和其他庆祝提问的活动。

领导者可以记下他们收到的问题，并在公开会议上说："会计部的约翰那天问了一个很棒的问题，我想在这里和大家分享一下。"或领导者可以借鉴道格拉斯·科南特所用的方法，那就是为通过指定渠道提交问题的个人写一个简短的、个性化的回复。最后，对提问给予某种形式的认可，这并不需要花很多钱，但它释放了一个强有力的信号——提问的价值是被认可的。

另外，物质激励措施确实需要付出成本，但为那些提出富有成效的问题的人发奖金或其他补贴也是值得的。在这种情况下，"富有成效"的问题可以被定义为能够带来改变的问题：公司政策的改变、新的研究成果或员工计划、公司产品的升级。在传统上，公司都是奖励那些提出解决方案的人，但如今我们要认识到，如果没有人首先发现并探索需要解决的问题，解决方案可能就无从说起了。

当谈到"富有成效"的问题时，我们就引出了四个提问文化问题中的第三个：我们如何才能让提问富有成效？

我们的目标不仅是让人们提出更多的问题，而且是让他们提出更好的问题，即那些有助于发现问题或机遇、引发新想法并促使改进发生的问题。为此，组织应该培养人们的提问技巧和方法。可以教人们如何集思广益地思考问题，如何微调和改进他们可能正在研究的问题，如何加强批判性思维技能，如何通过提问来解决问题，以及如何以有效的方式向他人提问（本书的下一章中有一些关于提问技巧的简单练习和案例，而且大多数练习都很容易）。

为了帮助人们在提问时更有效率，重要的是要教会他们提问。在商业界，关键不是无休止地争论哲学问题，也不是为了好奇而好奇。重点在于用提问来推动一个进程，从而产生真实的、有形的结果。以此为出发点，员工应该了解一些提问方法，例如，这种提问方法能够强有力地推动创新者从思考一种新的可能性到最终找出如何使之成为现实的探索。

关于鼓励提问文化的最后一个问题——我们怎样才能使提问文化持续下去？其实这就是承认提问是一种思维习惯。我们做得越多，就越能自然和本能地去质疑那些我们以前可能忽略或认为理所当然的事情。同样，定期的提问练习有助于养成这个习惯，当然奖励提问也一样。在日常的商业实践中，提问越多，这种习惯形成得越快。所以问问自己："如果每次会议都以一个问题开始会怎样？"如果公司定期举办"提问日"，在此期间，各小组聚在一起提问："我们今天可以挑战哪些假设？"如果你要求员工每周提出一个雄心勃勃的问题与同事分享会怎样呢？

鼓励提问文化，你可以这样问：

- 我们如何才能让提问变得安全？设置一个严格的不评判原则：欢迎所有的问题，越多越好。

- 我们怎样才能让提问有价值？对富有成效的问题给予口头赞扬。更进一步，提供奖金和其他有形的激励措施。

- 我们怎样才能让提问富有成效？培训人们提出能够产出结果的问题。

- 我们怎样才能使提问文化持续下去？把提问变成会议或其他活动的核心部分。

为了鼓励员工把工作重点放在重要问题上，并与同事分享他们要解决的问题，企业可以从学校学到另一课，特别是采用了"探究式学习"（Inquiry-Based Learning，IBL）的新教学方法的学校。这种方法旨在鼓励孩子们构想并主动承担有困难的课题。

以下是如何通过四个步骤将 IBL 引入职场：

1. 员工（个人或团队）构想一个雄心勃勃的问题以解决与公司相关的问题。请他们先将这个问题提交给主管或管理层，征求他们的同意。

2. 员工或团队研究问题（公司提供指定的"自由时间"进行研究）。

3. 研究结束后，提问者将问题和学到的知识分享给公司或部门。

4. 提问者与同事协作，参与主题为"我们怎样才能……？"的头脑风暴会，集中讨论如何将提问者学到的东西应用到当前的业务问题上。

如果拥有了IBL、基于提问的会议和定期的提问练习等，对于组织培养提问习惯、提升提问技能将很有帮助。

培养富有成效的提问文化的最后两点：

第一，当组织中的人开始提出更多的问题时，冲突的可能性会增加。因此，教会人们相互尊重和使用非正面对抗的提问方式很重要。在语气和措辞方面稍微软一点儿就可以表明提出这个问题是出于好奇而非对抗。

公司可能还需要制定辩论的规则，原则是"在一定程度上可以有不同的意见"。加州大学伯克利分校的汉森说，这种想法叫作"战斗和团结"——"你要在你和团队之间进行真正的辩论，因为这是支持最佳决策的方法"。但团队也需要团结一致做出最终的决策。根据这些思路，亚马逊的杰夫·贝佐斯也分享了一个问题，他说："如果你对某个特定方向有信心，即使大家没有达成共识，你也可以说，'听着，我知道我们在这个问题上意见不同，但你愿意和我赌一把吗？我们能不能在保留分歧的同时采取行动呢？'"

第二，如果组织想拥有真正包容而广泛存在的提问文化，而不是享有特权的秘密探究，你一定要认可每个人都有或有可能有好奇心。引用研究好奇心的专家伊恩·莱斯利（Ian Leslie）的话，"好奇是一种状态，而不是一种特质"。它的兴衰取决于情景、环境和条件。如果你创造了一个充满活力、开放的环境并引发了探究，那么在这个环境中的每个人都可能会变得更加好奇。

但也许有些人还是会有所保留，不愿公开表达自己的好奇心。提问可能会与权力和特权交织在一起。有些人更愿意，甚至觉得自己有资格成为公开提问的人。其他人可能更像局外人，或者只是更有礼貌，可能倾向于回避提问。

领导者的工作是鼓励那些更安静的人也主动分享。专家简·玄（Jane Hyun）和奥德丽·李（Audrey Lee）敦促领导者：我可能错过了谁的声音，我该如何放大这种声音？他们指出，基于种族、性别或其他一些因素，有些人"未被听到"——没人知道他们在公司工作了多久或他们在哪个部门工作。在提问文化中，这些界限都不重要，因为优质的问题可以且应该来自组织里的每个人。

1. 深入的思考和反思往往会被更紧迫的要求挤出日程，唯一的解决办法是提前安排时间进行定期反思，然后确保这个时间不受影响。

2. 如果要想思考未来，你必须首先试着去设想未来，并且是从问问题开始思考。
3. 重点关注积极的进展，而不是出现的问题；当你向你的员工提问时，请谨慎使用"为什么"这样的词。
4. 将"探究式学习"引入职场的四个步骤：（1）员工构想一个雄心勃勃的问题以解决与公司相关的问题。请他们先向主管或管理层提出这个问题，以得到批准。（2）员工在公司指定的"自由时间"研究问题。（3）研究结束后，提问者在向公司或部门的汇报中分享自己的问题及从中所学到的东西。（4）提问者与大家协作，参与一个主题为"我们怎样才能……"的头脑风暴会，集中讨论如何将提问者所学到的东西应用于当前的业务。

结语

提问，用问题解决你的问题

我如何开始实践自己的提问人生

在前几章已经提出了许多问题，阅读和思考这些问题是一回事，使用它们是另一回事。

我相信提问加行动可以促成改变（q+a=c），但是只有提问没有行动等于理念（q-a=p）。理念也没有错，但本书更倾向于用提问来获得实际的结果，无论是在你的工作中、人际交往中，还是在生活的其他方面。要做到这一点，你必须把问题投入行动，以让它为你服务。

不可否认，要做到这些绝非易事。人类的自然倾向是按照本能行事，做事迅速而不经过深思熟虑或遵循习惯的行为模式。生活中的大部分时间我们都处于"自动驾驶"模式。当然，这并不完全是件坏事。有时它可以帮我们做更多的事，或让我们做一些愉快的，甚至是富有成效的白日梦。但有时候，例如，我们在做一项意义重大的决定，试图解决一个问题或应对一项创造性挑战，也可能是进行一次重要谈话，这时我们如果能转换为一种更深思熟虑的模式，利用提问来提示或引导自己思考，将对所做的事大有裨益。

我们能不能简单地建议自己"多提问"，然后期待在需要的时候转变成提问模式？

在对心理学家和行为专家的采访中，我探究过人们能否训练自己在重要的情况下更加深思熟虑或提出更多的问题。在这方面，专家们有不同的看法。一种普遍的观点是，我们很难控制自己的自然倾向。这种观点认为，如果你是那种会做出冲动决定或在谈话中变得情绪化的人，那你可能很难改变这一点。尽管你可以告诉自己在关键时刻要放慢脚步，多问自己一些问题，但是，当那些关键时刻出现时，大概你还是会按照习以为常的方式做事。

相反，另一些专家认为，这虽然是个挑战，但人们还是有可能鼓励自己提出更多的问题，尽管他们可能需要练习，有时可能还需要外界的帮助。

外界的帮助可能会以"外部提示"的形式来提醒我们。例如，想想外科医生或航空公司的飞行员，他们会依据一份打印好的重要提示清单工作（起飞前不要忘记做X、Y和Z）；类似的清单可以被用来提醒我们去提问。这样的提醒还可能来自"信任的人"或副手，这位可以信赖的人会在关键时刻问你：你问了你应该问的重要问题吗？当然，你也可以为他们做同样的事。

至于外部提示，我建议使用"Q卡"，可以把它放在重要的位置，也可以随身携带（当然，还可以和你的同事分享）。这个想法是在遇到各种重要的情况之前，准备一些随时可用的问题供大家审查。

把这些问题当作入门工具。随着时间的推移，随着提问越来越成为一种习惯，你会逐渐意识到哪种问题在哪种情况下最有效，你就不需要再随身携带卡片或问题清单了。你会在心里形成一个属于自己的、完善的、定制化的问题清单，而且这个清单中的问题会不断增多和演变。

当你根据需要提出自己的"好问题"时，请记住本书中提到的三个主题，它们可能会在你设计自己的问题时帮到你。第一个主题是打破假设。书中谈到的很多问题（特别是"为什么"类型的问题）挑战的是基本假设。所以，当你在编制自己的问题清单时，请记住"打破假设"是首先要做的，也是最重要的工作之一。

第二个主题是视角的转换。许多问题都是为了鼓励你从不同的视角来看待一个问题或一种情况的，这可能是他人的视角，或者是不同的时间视角，例如，从未来回顾。

第三个主题是反直觉效应。书中的很多问题都是鼓励你考虑也许会与预期相反的可能性。在你考虑在自己的清单中加入新问题的时候，这三个主题——挑战假设、转换视角、考虑对立面是非常值得参考的。

为了提出更多的问题，你必须面对"提问的敌人"：恐惧、知识、偏见、傲慢、时间。虽然没有理由害怕问那些充满好奇的 4 岁孩子每天都会问的问题，但是要解决我们不愿意做的问题，我们不可避免地要采取行动。

所以我个人建议：试着在明天中午之前，至少问一个天真的问题。可以从问自己的问题开始：为什么要喝咖啡？为什么我每天早上都要喝咖啡？喝咖啡这件事是怎么开始的？咖啡的历史是怎样的？这些 K 型杯咖啡机是什么时候被发明的？我想知道，那项发明是从一个问题开始的吗？好吧，谷歌请准备好，因为我有些问题要问你……

养成自己问这种基本的"初学者思维"问题的习惯是很好的，但是为了培养提问的勇气，你就要把自己的提问公开。在咖啡馆的时候注意咖啡师的工作，并礼貌地问：我很好奇你刚才做拿铁时做的事情，为什么你要那么做？你会发现真正的好奇心和兴趣会受到别人的欢迎。

关于知识、偏见和傲慢的问题，还有另一个挑战：确定一件你认为你知道的事，然后去证明自己是错的。如果你真的想要有雄心壮志，你就可以每天按照阿诺·彭齐亚斯提出的"卡脖子"问题的方法来做。你可以每天问自己，为什么我相信我所相信的？锁定你自己的一个特定信念。然后对它进行无情的拷问。

努力养成提问习惯的第五个敌人是时间，这可能是最大的障碍。时间是提问的代价。在做出草率的决定或即兴回应前，你需要花时间停下来考虑一下。当思考一些重要的问题时，你可能需要独自坐在房间里或出去散散步，这需要更多的时间。

结 语 提问，用问题解决你的问题

必须以两种方式做出时间上的承诺：一种是"行动中的提问"，另一种是"反思中的提问"。第一种方式是在做决定、与人沟通、创造及完成工作的时候，养成放慢提问速度的习惯。如果加上那些重要的提问停顿时间，那完成这些任务可能需要更长的时间，所以要把那些时间考虑进去。

从反思的角度来看，挑战在于要为提问留出专门的时间。你可以采纳道格拉斯·科南特的建议，早上提前一小时起床，花时间在花园里喝咖啡和思考。花时间考虑那些影响你职业生涯的重要问题或你试图解决的一项特定的挑战。或者，正如谷歌的大卫·彼得森所建议的，在每天上下班的路上找一点儿时间思考一些可能更直接的问题，包括今天面临的挑战。几分钟的时间看似不长，但这些时间会积累起来的。麻省理工学院领导力中心的提问学家哈尔·格雷格森（Hal Gregersen）指出，如果我们每个人每天只花 4 分钟思考问题，那么一年就有 24 小时，或者说一整天的提问时间。

如果你无法做到在早上提问，那么就在晚上，可能第二天就会有所收获。著名的科技企业家里德·霍夫曼（Reid Hoffman）是领英的联合创始人之一，他每天睡前都会花几分钟就自己正在处理的某个问题或挑战向自己提问。霍夫曼发现，当他这样做的时候，洞察和答案常常会在晚上出现在他脑海中，使这花在提问上的几分钟变成了一项有价值的投资。

要腾出这几分钟，我们可以试着减少花在社交媒体或电视新闻上的时间。现在，因为我们每天会浏览最新的推文、文章或新闻标题，所以大多数人都会花数小时在"阅读和回复"上。

你可以试着把 10% 的玩手机时间转换成思考时间。你需要做的就是在森林中找到一个类似洞穴、龟壳或小径的地方。在那里，你能暂时与世界失去联系。当你去那里的时候，把手机留下，只带上你的问题就行了。

如果经常这样做，你就需要养成一种新的提问习惯。研究表明，当你试图建立一种新习惯（或打破一种旧习惯）时，你应该采用一种奖励制度。你可以问问自己：我该如何奖励自己的提问？这时，会有两个想法浮现在你的脑海：第一个是让自己经过一段时间的安静思考后才能查看电子邮件或社交媒体；第二个是对自己提出的每个好问题都好好款待一下自己。

在养成一种新习惯的同时，你还需要从小事做起，一步一步慢慢来，使自己逐渐适应新的习惯。为了让你更快入门，下面是一些简单易做的提问练习，其中很多都能帮助你把前面章节中提到的想法付诸行动。

提问前，我该如何热身

有人说，提高提问能力的方法是多问问题。这是构思问题或"问题风暴"练习背后的逻辑，旨在培养快速有效地提问的技能。我在商业研讨会上用过这类练习，发现这些方法特别有助于放松提问肌肉。它们还可以帮助你以不同的方式看待问题或挑战——完全通过提问来应对这些问题和挑战。

构思问题的技巧

在那么多的问题风暴练习中，最好的是由正确问题研究所开发的问题构思技术。这个练习可以分组（在公司的休息区或学校的教室）进行，也可以和个人一起做。

下面是具体的做法：

1. **构思"问题焦点"**。首先你需要一个由两三个词组成的前提或陈述，把它们作为一个焦点产出问题，如"技术变革""鼓励好奇心""平衡的生活"。请不要以疑问句为起点，围绕着陈述句或短语来构思一个问题会更容易。

2. **提出问题**。在限定时间内（尝试在 10 分钟内）尽可能多地想出并写下问题——你能想到的和那个问题焦点有关的所有问题。只要提出问题，不要意见或答案，也不用辩论哪个问题最好。在这一点上，我们的想法是从不同的角度不断地探究这个主题。

3. **改进问题**。现在开始针对你写下来的问题下功夫。打开封闭的问题，关闭开放的问题。例如，一个开头的封闭问题：平衡的生活可取吗？可以改成一个开放问题：为什么平衡的生活是可取的？在这样做的过程中，你会发现一个问题在某些情况下可以缩小范围，在另一些情况下可以扩大范围，你会发现正确问题研究所的丹·罗斯坦（Dan Rothstein）说"你问问题的方式会产生不同的结果，并能引导你朝不同的方向前进"。

4. **对问题设定优先级**。选 3 个最想问的问题。找出那些能激起人们兴趣并为这个课题开辟新思路的问题。

5. **决定下一步行动**。这包括你是否及如何处理优先考虑的问题（你是否愿意与其他人分享这些问题，为了回答这些问题而进行研究）？

6. **回顾所学**。花点时间思考一下"在问题中思考"是什么感觉，以及你在构思问题的过程中学到了什么（事情在进展过程中变得容易了吗，你有没有发现改进问题或用一个问题开发另一个问题的诀窍？）。这有助于巩固学习，并帮助你下次做得更好。

我能否构建一个更好的问题

结束构思问题的工作后，我们现在来尝试改进问题。

快速改进问题的 6 种方法

有很多改进问题的方法，这里有 6 种快速改进的方法，针对你从问题风暴练习中挑出来的最喜欢的问题，你可以试着用这些方法来改进它们。

1. **打开问题**。如果你想要得到的不只是一个"是或否"的答案，那就拿出一个封闭问题，并以"是什么""为什么""怎么样"这样的问法开始。所以不要问：去年以来情况有变化吗？最好这么问：去年以来情况发生

结 语　提问，用问题解决你的问题

了什么变化？

2. **封闭问题**。然而，当使用一个封闭问题时（这样的问题会引出一个简单的"是或否"的答案），可以帮助你识别出那些内在的错误假设。花更多时间思考我们为什么会有这个问题之前，你可以问：这是个问题吗？

3. **打磨问题**。精确的问题会得到更好的答案。与其问当前市场的变化会对我们产生怎样的影响？不如问市场上电子商务的崛起会对我们产生怎样的影响？

4. **追问"为什么"**。我坚信找到"问题背后的问题"的重要性，通常可以在问题的最后追问"为什么"来实现。所以不是这么问：你最关心的是什么趋势？而要这么问：你最关心的趋势是什么，为什么呢？

5. **软化问题**。问题可能会是对抗性的。在问题的开头加上一些温和的短语会有所帮助，这些词语可以表明提问是基于真正的兴趣而不是批评。所以不要这样问：你为什么要那样做？而要这样问：我很好奇你为什么要这样做？

6. **保持中立**。确保问题是中立的，没有特别的预设立场，也没有试图引导人们得到想要的答案。对于检察官和审问者来说，引导性问题可能很有用，但通常来说应该避免这种提问方式。这里有一些很糟糕的例子：那部电影是不是糟透了？稍微好一些的问法是：你认为那部电影值得大力宣传吗？更好的问法是：你觉得那部电影怎么样？

我该如何测试自己的内置谬论探测仪

如果想让自己的批判性思维技能快速得到调整，你可以试试这个简短的练习，它旨在鼓励进行公正的评价。

批判性思维训练

读完报纸或博客上的专栏或文章，回答以下5个问题：

1. **证据有多有力？** 请你试着列出为了说明问题而陈述的观点，然后思考每个观点背后的证据：这些证据是否有可靠的来源？我能确定这背后可能的目的吗？

2. **文章中没讲什么？** 请在文章中寻找缺失的内容——不充分的报道、缺少重要细节或自相矛盾的观点。

3. **是否合乎逻辑？** 注意那些存在缺陷的推理，它们暗示你因为B所以应该相信A，而事实上A和B之间可能存在微妙的联系。

4. **相反的观点是什么？** 如果这种观点还没有被清晰地呈现出来，你可以试着想想对立面的人会怎么说。如果可能的话，你可以考虑几个相反的观点。

5. **最后问自己一个最难的问题：** 哪一方得到了更多的证据支持？当你考虑过对立的观点后，你觉得它们是否比最初的论点更有力？或你是否认为作者的观点（即使不完美）仍然有效？在考虑到支持方和反对方的观点的基础上进行合理推理，这是批判性思维的重要组成部分。

提问练习

对抗臭蛋思维

在你尝试过将批判性思维应用到针对别人的观点后,你可以考虑把同样的批判性思维用于自己的观点,并观察会发生什么——特别是要试着找出你持否定观点的部分。然后用提问的方式来挑战否定观点的正确性,同时考虑积极的一面。把这看作一种用批判性思维和探究方法来对抗腐朽思维的方式。

我们都会受到"消极偏见"的影响,这种偏见让我们的思维过于关注消极的事件、看法和可能性。如工作上的挫折会让你觉得"我要被解雇了"。听新闻可能会使你相信"世界正在走向毁灭"。

当确定你有这样的感觉时,你把这种感觉作为一个明确的观点写下来,然后用你的批判性思维挑战这个观点:这个观点背后的证据是什么?这些证据有多可靠?这个观点缺少什么信息?这种说法合乎逻辑吗?与之对立的观点是什么?

举个例子,如果你用"世界正在走向毁灭"的论断来做这个练习,你很容易就会发现有很多证据反对这一论断——通过对各种全球健康和福祉的指标来衡量,世界实际一直在变好。问题在于,吸引人眼球的头条新闻通常都是关注令人不快的惊喜和病态事件;那种经典的"坏消息上头条"的新闻模式仍然盛行。作为批判性思考者,我们必须将我们的世界观考虑在内,即使关于世界状况的很多信息偏向于消极。这并不意味着要去抹黑新闻,只是意味着我们在做出自己的判断时必须考虑到这种偏见。

批判性思维可以帮助消除你对世界的消极看法，但你也可以用批判性思维性质的提问来挑战自己的消极想法，作为自我治疗的一种形式。心理学家朱迪·贝克（Judith Beck）说，在她的治疗方法中，很大一部分是教病人质疑他们消极思想的真实性：我的这种不好的感觉是真的吗？有没有其他角度来分析这种情况？

这里还有两个很好的问题可以挑战你对自己的消极想法。第一个，你可以问一下，如果我最好的朋友也对自己说了同样的话，我会对他说什么？第二个，你要问自己今天的事情进展得顺利吗？心理学家马丁·塞利格曼说，每天只要问自己这样一个积极的问题，并由自己来回答，它就会成为消极思想的强大解药。

如果我用全新的眼光看待周围的世界会怎样

提问可以被当作一种看待世界的方式，也是一种不安于被动接受而是主动追寻的方式。这样做的挑战是：如何让自己以一种全新的眼光看待自己熟悉的世界？ 1989 年上映的电影《死亡诗社》（*Dead Poets Society*）中就展示了一种站在办公桌上的方法。正如影片中的主角罗宾·威廉姆斯（Robin Williams）所解释的，当你站在办公桌上时，"从上面看世界大不相同"。但是你脚踏的办公桌也有倒塌的危险，所以，这里介绍一个更安全的练习，可以帮助你看到新鲜的事物。

结 语　提问，用问题解决你的问题

用全新的角度看待事物

1. 用你的手机拍下你每天都能看到的东西。可以是早餐的特写，可以是工作场所、咖啡店或健身俱乐部大厅。

2. 仔细看看照片中发生了什么。试着把你的焦点从前景的物体或图案转移到背景上。一方面放大照片以查看细节，另一方面也可以缩小照片以查看整个环境。

3. 试着在照片中找出三件你过去从未注意到的事物：小的细节、交叉重叠、模式。

4. 把你注意到的这三件事物变成一个问题，然后看看能否在原来的问题上再加上一个问题（为什么我桌子的一边那么乱而另一边那么干净？这说明了我的工作方式吗？）。

一旦你掌握了关注和提问的练习方法，你就可以在发现问题方面练练手。当然，如果你能用提问的方式解决这些问题，那你就已经走在通向伟大创造的路上了。

发现难题

在你日常的生活和旅行中记录一些事情，但这次请你别只是随意地拍照，而是写下一些让你感到"困惑"的事情：你没有时间看新闻，大楼的前门很难打开，等咖啡的队伍太长，等等。

下一步，针对你每天的一件烦心事，用"为什么？""如果……会怎样呢？""怎么做"的问题循环提问。创新者和发明家经常按照"为什么""如果……会怎样呢？""怎么做？"的顺序提问，用来解决所面临的问题。这三类问题分别服务于三种不同的探究目的："为什么？"的提问有助于我们理解问题；"如果……会怎样呢？"的提问帮助我们想象可能的选择；"怎么做？"的提问往往更实际、更注重行动，引导我们找到解决办法。

专注于你发现的一个问题，从"为什么？"开始，你能想到多少这样的问题就问多少（为什么这个问题会存在？为什么还没有人解决这个问题呢？）。然后用你的想象力来头脑风暴多种"如果……会怎样呢"的可能性（如果我们尝试 X 会怎样呢？如果我们尝试 Y 又会怎样呢？）。接下来，选择一个你最喜欢的"如果……会怎样呢？"的问题，并把它重新组织成"怎么做？"的提问——我怎么能把这个疯狂的"如果……会怎样呢？"的问题变成一个实际项目呢？我该如何迈出第一步？做完这个练习，不管你是否继续问这个问题，你可能已经找到了减少日常烦恼的方法。

对于一些家庭生活或工作中遇到的难题，你也可以试试"为什么？""如果……会怎样呢？""怎么做？"的提问框架。我的家人似乎从不一起吃晚餐，或我的部门在战略规划中没有得到足够的重视。请观察这三个问题如何引导你找到可行的解决方案的。

结　语　提问，用问题解决你的问题

连接式探究

刚才我们探讨的仍属于"创造性提问"模式，这里有一个"连提问"的练习（通过问"如果我把这个和那个放在一起会怎样？"的问题观察两件独立的事物）这种组合思维是许多伟大创作的源泉，从手机到《汉密尔顿》音乐剧。

这也是 2010 年的畅销书《吸血鬼猎人林肯》（*Abraham Lincoln: Vampire Hunter*）的灵感来源。本书的作者塞思·格雷厄姆 - 史密斯（Seth Grahame-Smith）有一次在一家书店注意到一堆关于历史人物的畅销书旁是一堆关于吸血鬼的畅销书，这触发了他做混搭的想法。因此，在这个练习中，你可以进入书店或任何类型的商店，试着找到两个极为不同的主题或物品，把它们组合在一起形成一个有趣的混合体。你也可以在家里用的物品中或翻阅杂志时寻找可能的组合。

用这个组合来构思一个问题：如果匈奴王阿提拉（Attila the Hun）被困在硅谷怎么办？如果把土豆削皮器与手套组合在一起呢？一旦你有了自己的组合想法，你就要针对这些想法提出相应的问题：这个想法中哪些是有趣的，哪些是无用的？有没有一种相似但不同的组合可能更有趣？即使你最后一无所获，你也给自己的大脑进行了一次连接训练。如果你认为自己找到了一个胜过"如果……会怎样呢？"的组合，你就可以开始问自己如何才能充实这个想法。

我该如何破冰

提问可以建立或加深与人们的联系。你可以在鸡尾酒会或任何会碰到陌生人的聚会上尝试一下。在这些场合,挑战是要打破总是问一些老生常谈的介绍性问题的习惯(你好吗?你是做什么的?),尝试深入提问,提一些能够获得更有意义的答案或能够挖掘出一个故事的问题。

"开启对话"的问题

当你参加一个聚会开口对别人说话之前,你先问问自己:如果我像一个记者一样来到这个聚会,要挖掘参加聚会的人的故事我会怎样做?

现在你思考一下那些能够引出故事的问题。你最喜欢的关于自己的故事是什么?以此倒推,别人会问什么样的问题来引出你的故事呢?这会让你对应该问的问题有一个大致的了解。

如果你想要一些通用的例子,这里有几个供你参考:最近你在做的事情有什么让你觉得特别兴奋的吗?在过去的一周里,你学到的最有趣的事情是什么?如果你能选任何一个人,你想和谁共度一个下午?你可以根据你的喜好在这些问题中选一个,但是不要太刻意。在你的问题库中储备几个问题,然后选择一个在当时感觉正确的问题。

一旦你开始了一段对话,你就请使用积极倾听的工具,如复述或反馈的技巧,用这些技巧来明确问题并表明你对此真的很在意(你真的爬

结 语　提问，用问题解决你的问题

到了山顶？）。然后用后续的问题引出背后的情绪（你在山顶的时候感觉如何？）。

当你问这些问题的时候，有些习惯被陌生人问千篇一律问题的人可能会给你一个暗示：你越界了，陌生人。如果真是这样，你就可以说"我喜欢问这种问题，因为当我这样问的时候，我经常有机会听到有趣的故事"。你现在已经解释了为什么你会问这么直接的问题，因此对话的球又回到了对方的半场，对方可能会想，我一定有一个有趣的故事！我可不想成为一个没有故事的人。

补充提示：当你们的谈话自然地从提问转向分享你自己的观点和故事时，你要记得不时地停下来问对方，你觉得怎么样？这是哈佛大学的提问学家詹姆斯·瑞安最喜欢问的一个问题。他说："这个问题不仅很有用，而且能很好地提醒你，你会征求跟你对话的人的意见。如果你不会有意识地邀请别人参与对话，他们可能会保持沉默，对话通常会因此受到影响。"

L. I. F. E. 提问

当一家人团聚在一起时，你提出问题通常会引起热烈的交谈。你可以每周和孩子们一起在餐桌旁进行一次 L. I. F. E. 问题练习。这样做是为了让一些小轶事和日常生活中的故事浮现出来，创造彼此的亲密关系和共同的记忆。大家围着桌子，让每个人轮流分享他们对 L. I. F. E. 问题的答案（一旦你的家庭成员知道他们可能在下周日晚上的晚餐时间玩 L.I.F.E. 游戏，他们就会开始收集并记住下次聚会上要分享的问题)。

L. 这周你的脑海中浮现出什么奇怪的小事情?

我们选择记住并与他人分享的点滴故事构成了我们生活的叙事线索。特别强调"奇怪"有助于吸引孩子们的注意力。

I. 这周你获得了什么消息?

你可以分享一些对你来说是新闻或你学到的一些东西,这样既可以娱乐他人,还可以巩固你大脑中的知识。

F. 这周你有什么努力尝试但失败的事情?

创立 Spanx 服装公司的企业家萨拉·布莱克利就受到了这个问题的启发。她的父亲经常在餐桌上问这个问题。当以这种常规的方式承认和讨论试错时,它有助于我们认识到谁都会碰到失败,失败并不是什么可怕的事情,而且确实有助于我们成为更好的问题解决者。

E. 这周特别值得你们记住的交流是关于什么的?

这个问题提醒我们,我们不时也要超越"你怎么做"这样的问题,并对他人的想法和感受表现出好奇。

提问而不是出主意

这种对话方式的提问练习旨在训练自己使用指导性的提问方式而不是提建议。试着与你的配偶、朋友或同事一对一地尝试这个练习。第一步是问对方:你有什么问题或挑战需要寻求建议吗？然后，当他们分享自己的问题时，你不要自作聪明地告诉他们该怎么做。而要用提问的方式来帮助他们自己找到答案。

这是一些可以用来提问的问题：

1. 发生了什么事？（告诉我你所面临的挑战。）

2. 你已经尝试过什么了？

3. 如果解决这个问题你可以尝试各种方法，你会用什么方法？

4. 还有其他什么吗？（根据需要，将这个问题重复几次，以激发更多的想法。）

5. 你最感兴趣的选择是哪个？

6. 什么可能会阻碍这个想法的实施，我们可以做些什么？

7. 你可以采取什么措施立即开始行动？

如果我策划的目录中没有呢

当用提问来引出别人的故事时，为什么你不对自己也这样做呢？自我采访的方法可以帮助你梳理清楚自己的故事。如果你这样做了，在未来的工作面试中、社交活动中、与老板在电梯中偶遇或任何你需要对你有什么故事的问题做出强有力的回答时，你就会胸有成竹，有一个很好的讲述自己故事的方式。

创造一个关于你的最好的故事

你想要一个最能体现你是谁、你取得过什么成就、什么对你来说很重要,及你要去哪里的故事。这些也是人们在深度面试中通常会被问到的问题。通过这些问题,面试官试图判断你的优势、抱负、你对缺点的认知,及你为此做了什么。所以,用面试问题来帮助你写出关于自己的最好故事是很有意义的事情。

以下这些"杀手级的面试问题"的灵感来源于石英网(Quartz)上的一篇由首席执行官们分享的热门帖子。如果你能给这些人留下深刻印象,你就知道你有个好故事了。所以,你可以用这些问题问镜子里的那个人。你最好思考一下每个问题,并且就每个问题写出至少几行字的答案。

1. 你是想被尊重还是想让人害怕?
2. 你人生中最大的梦想是什么?
3. 当你还是个孩子的时候,你想成为什么样的人?
4. 当你失败了,你的反应是什么?
5. 如果有人被问到"你是如何对待他们的",你觉得他们会怎么说?

除了高管们提出的这些问题,我自己还有一些问题,你可以从本书前面的章节中找到:

6. 描述你的那句话是什么?(如果你用一句话来概括你的

生活，那句话会是什么？）

7. 你的"网球"是什么？（你专心致志追寻的东西是什么，就像一只狗追网球那样？）

8. 你想在哪方面做得更好？

一旦你找到了所有问题的答案，你可以想想如何把这些答案编织在一起形成一个生动的故事。例如，我是一个填入"描述你的那句话是什么"的答案的人。我一直被吸引的是填入"那个关于网球"的答案。当我还是个孩子的时候，我把自己看成填入"孩子时代的梦想"问题的答案等等。

继续打磨这些故事，直到它们能够很好地融合在一起，通顺流畅，故事有开始、有过程，也有结果。你可把这些故事作为一个整体或作为一部分存放在你的大脑中，当需要的时候你随时可以拿出来用。

我们在关于领导力的部分讨论过，公司的每位领导者都应该确保公司有一个强大的背景故事，这个故事关于公司的历史和初衷、所代表的意义、公司的使命宣言——最好是一个使命方面的提问。那么，如果作为一家之主这么做会怎样呢？作家布鲁斯·费勒（Bruce Feiler）在他的作品中探讨过这个话题，保罗·沙利文（Paul Sullivan）最近在《纽约时报》的一篇专栏中也谈到了这个话题。基于这些资料，这里有一个练习，通过提问构建一个家庭的故事，挖掘出一个持续的、鼓舞人心的家庭"使命问题"。

发展一个家庭故事和使命

请从关注家庭的传承开始:

- 我们的祖先出生在哪里?什么时候来到这个国家的?
- 我们的祖先要克服什么困难才能来到这里?
- 我们家族传承了哪些传统?是什么时候和怎样开始的?
- 关于这个家庭你知道哪些故事?我知道的又有哪些?
- 特别是这个家庭必须从哪些困难中恢复过来?
- 这些年来,家庭成员最伟大的成就是什么?
- 这些家庭故事对如今的我们意味着什么?
- 家庭经典的笑话或歌曲是什么?

然后,把这些问题转换成关于意义和目的的提问:

- 成为这个家庭的一员意味着什么?
- 作为这个家庭的一员,你的感受和我的感受不同吗?
- 在你认识或听说过的所有家庭成员中,你认为谁的生活最有趣?为什么?

用挖掘有认同感的使命问题结束:

- 我们家庭的价值观是什么?

- 除了日常生活，这个家庭还想做什么？我们家族的伟大目标是什么？

- 我们如何为家庭创造一个"我们如何能够……"的使命问题？

- 我该如何为这项使命做出贡献？

如果我不再下决心做什么，改为反问自己"要做什么"会怎样

研究表明，以提问的形式提出一个解决方案可能比陈述的形式提出一个典型的解决方案更有效。伊利诺伊大学（University of Illinois）的一项研究发现，当人们想激励自己做一件事情的时候，他们会问（我会做 X 吗？我该怎么做？）而不是宣布（我要做 X）。

为什么提问会比决心更能激励我们？首先，提问比陈述更吸引人。提问会邀请你（甚至挑战你）思考潜在的解决方案，会让你的大脑立刻开始处理这个问题。例如，我今年会遇到更多有趣的人这个话题，你要做的不是直接下决心，而是反过来问自己，今年我怎样才能遇到更多有趣的人？

这个问题很可能引发一些推测性的想法：如果我去做 X 会怎样呢？或如果我试着去做 Y 会怎样呢？当你这样做的时候，你已经在考虑用新的方式去认识人了。

提问也不像决心那样吓人。提问给你的压力也比较小。有些人可能

觉得他们需要压力来促使自己采取行动，但决心带来的自我施压很少能产生立竿见影的效果，而这反过来又会导致我们迅速放弃自己的决心。另外，如果一个提问更宽容，它也就能提供更多回旋的余地。这个问题不一定要马上或明确地得到回答——我们可以研究这个问题，采取相应的措施，朝着答案前进。

另外，提问比陈述更具有"共享性"。没有人真的想听你承诺要做的精彩事情。但是当你和其他人分享一个问题时（我想知道我怎样才能更好地处理X，或我怎样才能改进Y？），这让人们自己思考这个问题——它可能最终会帮你找到答案。

这里有一个练习，你可以用提问来尝试制定一个决议以改变自己的行为，我们把二者合在一起，称之为"决心提问"。

创造自己的"决心提问"

1. 在考虑自己的"决心提问"时，把它写成"我该怎么办？"的问题（例如，我怎样才能让自己喝更多的水？）。

2. 在纸上把问题用粗体字写下来或打印出来，然后将其用胶带贴在墙上。

3. 每当想到一个可能有助于你实现目标的想法，你就将其说成"如果……会怎样呢"的问题（如果我开始每天带一个可重复使用的水瓶去上班会怎样呢？），把它当作最重要的"我该怎么做？"的决心提问记下来。

结　语　提问，用问题解决你的问题

4. 这张你提出来的、非常显眼的"如果……会怎样呢？"问题清单会促使你采取行动，你很可能会发现自己在决心提问上逐渐取得了进展。

我怎样才能鼓励别人多提问

在公司或学校培养"提问文化"不只是首席执行官或学校校长的职责。如果你相信提问是一件积极的事情，那么你就有责任鼓励你周围的人——在工作中、在家里、在学校、在社区多提问。

让提问变得有趣且招人喜欢

- 在家里，你可以每周安排一个晚上作为"提问之夜"，在此期间，家庭成员只能通过提问相互交流。试着想想歌名有问题的歌曲。

- 如果你想鼓励孩子多问问题，你最好能让他们相信提问是件很酷的事，这样做会很有用。但这其实很困难，因为过了一定年龄，许多年轻人会认为提问肯定是"不酷"的。但你可以试着指出，很多他们可能爱不释手的东西，如 iPhone、Instagram 和许多流行应用程序都是从提问开始的（如果他们要求具体的内容，你可以在本书的官网找一些故事，这些故事告诉我们很多很酷的事物一开始只是一个问题）。当你向他们指出这一点时，你也要指出提问者其实也是叛逆者、特立独行者和破坏规则者（从埃隆·马斯克到歌手碧昂丝都是如此）。如果这还不够的话，你可以告诉他们，很多提问者，特别是在硅谷，他们提出的问题已经让他们成为世界上的成功人士。

- 庆祝你的孩子或朋友问出好问题。把这些问题写下来，贴在冰箱上或在社交媒体上分享。

- 你的孩子放学回家，你可以问问他们当天是否问了一个好问题。这个建议的灵感来自诺贝尔奖获得者、科学家伊西多·艾萨克·拉比（Isidor Isaac Rabi）的一句话，他说他在布鲁克林长大时，其他人的母亲都问她们的孩子，"那么，你今天学到什么了吗？"但是拉比的妈妈会问，"伊兹，你今天问了个什么好问题吗？"拉比认为，他母亲关于问问题的提问对他产生了深远的影响，促使他成了一名科学家。

- 如果你是一名经理或老板，请你问一些问题，并且提问的方式要体现出你真的很重视并想听到这些问题。同时，请考虑给提问的人一些奖励。当我做演讲时，我经常给听众中第一个提问的人送一本书。"第一个"提问者是勇敢的，他让其他人都能感觉到提问其实很安全。

- 当有人问出一个好问题时，你不要只是简单地说："这是个好问题。"告诉他们为什么你认为这是一个有趣或重要的问题，并且要反问他们，既然你们问出了这么好的一个问题，那么针对这个问题应该做些什么呢？

结　语　提问，用问题解决你的问题

我的大问题是什么

有很多好问题，它们可以一次又一次地用来帮助你决定、创造、连接和领导。除了本书中提到的那些问题，你还可以设计更多。但我也相信，你应该试着找出一个特定的问题，并持之以恒地追求这个问题的答案——你的"大问题"。这个问题应该大胆而自信、雄心勃勃和切实可行。

我自己的大问题开始于10年前：我怎样才能鼓励更多的提问？写本书只是我试图探究这个问题的方式之一。我也会做一些其他的事情来回答这个问题，如拜访不同类型的组织，劝他们改变观念，和他们分享提问的方法和技巧。但最近我特别专注于拜访学校，花时间和老师在一起，探索如何把更多的提问带入课堂，因为我相信未来取决于我们现在是否有能力培养提问者、批判性思考者、创新者及终身学习者，未来世界非常需要他们。

在哪里及如何才能找到你说的大问题呢？你可以先从你的兴趣和激情所在着手。你可以问自己一些问题，如什么事情让你感动，你内心深处的关切是什么，你觉得你注定要去做的事情是什么（请参阅第一章"网球"部分，有些问题可以帮助你）。并且，你要睁大眼睛去寻找正确的"问题"，那个会激励你、可以让你以自己的方式"拥有"的问题。这可能会成为你面前的一个问题，但你可能需要退后一步，以不同的视角看待它。

你可能心中已经有了目标，并且正在努力实现这个目标。但如果你还没有把这个目标变成疑问句，你最好尝试一下。有证据显示，这有助于你的大脑以一种新的方式思考挑战，并更易于与他人分享这个挑战。

当构建自己的大问题时，你想想如何用"我该怎么做"的形式来表达。或者，如果你是与其他人合作完成一项任务，那你就用"我们该怎么做"的方式来问自己。这种提问的形式非常有力，它越来越多地被技术创新者、探究型教育者和其他前瞻性思考者采用。这种方式能够使人们构建一个开放、广阔，但仍然以行动为导向的问题。正如创新公司IDEO首席执行官蒂姆·布朗（Tim Brown）所解释的，"如何才能"的问题让你可以自由地实践你最好的创造性思维。布朗说："怎么做的部分已经假设有解决方案，这为创造带来了信心。""可能"这个词表示我们可以提出可能有用或可能没有用的想法，但是这都没关系。

不要害怕建立一个包含多个部分的、复合的大问题。为了解决复杂挑战的不同方面，你可能需要在原始问题的基础上不断完善。例如，我自己的问题已经扩展，现在的完整版是我怎样才能鼓励更多的提问，无论是通过写作还是面对面接触，无论是在企业还是非营利组织，重点关注教育。之所以以这种方式扩展你的问题，是为了提醒自己在整个挑战中应该重点关注关键事项。

让你的问题变得雄心勃勃，但是不要太过。如果你的大问题是关于我如何才能从今天开始结束所有的战争？你会发现这是一个不具备可操作性的问题，因此无法坚持下去。物理学家爱德华·威滕将提问的最佳点描述为"一个足够难（和有趣）的问题，值得回答，实际上也足够容易回答"。

如果你是一个领导者，试着为你的组织或团队找到一个大问题，那

结语 提问，用问题解决你的问题

是一个可以凝聚很多人的前瞻性愿景的问题。你可以利用这个机会来研究一个"我们如何才能"的问题，这个问题概括了你们组织的目标、梦想和愿景。

一旦你设计好了你的问题，请写下来，告诉你的朋友，把它放在社交媒体上，尽可能地分享。你会惊讶于人们是那么热心地支持和帮助一个追求好问题的人。如果你想和本书的读者分享，我在本书的官网上设定了一个专门的区域，我在那里发布了一系列由读者发过来的好问题。如果你还没有考虑过你想分享的问题，那你就去这个网站看看其他人正在追求的问题，这可能会给你一些启发。

最重要的是要坚持你的问题。在谷歌时代，我们已经形成了一种期待，我们的问题能立即得到答案。但是，最好的问题谷歌无法回答。要回答这些问题，需要一种不同类型的"搜索"。请心无旁骛地踏上这段探究之旅吧。在这段旅程中，请享受研究问题，绞尽脑汁地解决问题，与问题如胶似漆，成为问题亲密无间的伴侣。

提问贴士

1. 提问 + 行动 = 改变，提问 - 行动 = 理念。
2. 提高提问能力的方法是多问问题。
3. 在鸡尾酒会或其他场合，如果你想要建立或加深与他人的关系，可以试试：打破提问习惯，尝试进入提问的深水区；用提问引出自己的故事。
4. 在提问中寻找一个解决方案可能比公开宣示自己的决心更有效。当人们想激励自己做一件事情的时候，当他们问"我会做X吗？我该怎么做X？"时产生的效

263

果比他们宣称我要做 X 时好。

5. 当构建自己的重大而美妙的问题时，你想想如何用"我该怎么做"的形式来表达；如果你是与其他人合作来完成一项任务，那就用"我们该怎么做"的方式来问自己。

未来，属于终身学习者

我这辈子遇到的聪明人（来自各行各业的聪明人）没有不每天阅读的——没有，一个都没有。巴菲特读书之多，我读书之多，可能会让你感到吃惊。孩子们都笑话我。他们觉得我是一本长了两条腿的书。

——查理·芒格

互联网改变了信息连接的方式；指数型技术在迅速颠覆着现有的商业世界；人工智能已经开始抢占人类的工作岗位……

未来，到底需要什么样的人才？

改变命运唯一的策略是你要变成终身学习者。未来世界将不再需要单一的技能型人才，而是需要具备完善的知识结构、极强逻辑思考力和高感知力的复合型人才。优秀的人往往通过阅读建立足够强大的抽象思维能力，获得异于众人的思考和整合能力。未来，将属于终身学习者！而阅读必定和终身学习形影不离。

很多人读书，追求的是干货，寻求的是立刻行之有效的解决方案。其实这是一种留在舒适区的阅读方法。在这个充满不确定性的年代，答案不会简单地出现在书里，因为生活根本就没有标准确切的答案，你也不能期望过去的经验能解决未来的问题。

而真正的阅读，应该在书中与智者同行思考，借他们的视角看到世界的多元性，提出比答案更重要的好问题，在不确定的时代中领先起跑。

湛庐阅读App：与最聪明的人共同进化

有人常常把成本支出的焦点放在书价上，把读完一本书当作阅读的终结。其实不然。

时间是读者付出的最大阅读成本
怎么读是读者面临的最大阅读障碍
"读书破万卷"不仅仅在"万"，更重要的是在"破"！

现在，我们构建了全新的"湛庐阅读"App。它将成为你"破万卷"的新居所。在这里：

● 不用考虑读什么，你可以便捷找到纸书、电子书、有声书和各种声音产品；
● 你可以学会怎么读，你将发现集泛读、通读、精读于一体的阅读解决方案；
● 你会与作者、译者、专家、推荐人和阅读教练相遇，他们是优质思想的发源地；
● 你会与优秀的读者和终身学习者为伍，他们对阅读和学习有着持久的热情和源源不绝的内驱力。

下载湛庐阅读App，
坚持亲自阅读，
有声书、电子书、阅读服务，
一站获得。

本书阅读资料包

给你便捷、高效、全面的阅读体验

本书参考资料 　　　　　　　　　　　　　　　　　　　湛庐独家策划

- ☑ **参考文献**
  为了环保、节约纸张,部分图书的参考文献以电子版方式提供

- ☑ **主题书单**
  编辑精心推荐的延伸阅读书单,助你开启主题式阅读

- ☑ **图片资料**
  提供部分图片的高清彩色原版大图,方便保存和分享

相关阅读服务 　　　　　　　　　　　　　　　　　　　终身学习者必备

- ☑ **电子书**
  便捷、高效,方便检索,易于携带,随时更新

- ☑ **有声书**
  保护视力,随时随地,有温度、有情感地听本书

- ☑ **精读班**
  2~4周,最懂这本书的人带你读完、读懂、读透这本好书

- ☑ **课　程**
  课程权威专家给你开书单,带你快速浏览一个领域的知识概貌

- ☑ **讲　书**
  30分钟,大咖给你讲本书,让你挑书不费劲

湛庐编辑为你独家呈现
助你更好获得书里和书外的思想和智慧,请扫码查收!

(阅读资料包的内容因书而异,最终以湛庐阅读App页面为准)